인성과 자기계발

PERSONALITY AND SELF-DEVELOPMENT

인성과 자기계발

이명선 · 송창백 · 이인철 공저

동문사

PREFACE

유행성 독감처럼 인성과 자기계발이 화두다. 전혀 관계없어 보이던 두 개의 탐구분야가 하나로 묶여 자연스럽게 대학의 교양과목이 되었다. 필요상 묶은 것인지 아니면 이 둘의 관계가 필연적으로 엮어져야 하는지 의견들이 분분하다. 필자는 인성과 자기계발이 마치 방정식과 함수관계처럼 상호 긴밀한 관계가 있다고 판단한다. 인간의 자기역량은 자아인식에 비례되어 계발되기 때문이다. 인성은 단지 품성의 문제만이 아니다. 인성은 광의적 의미에서 역량의 문제로 분류되고 해석되어야 마땅하다. 다행히 이 둘의 결합과 융합이 교육의 시대적 과제가 되었다. '인성이 곧 경쟁력'이라는 말은 시대적 요구를 반영하고 있다.

그러나 불행하게도 인성에 대한 연구는 집요하게 왜곡되었다. 인간의 품성이란 상호적 피드백의 결과일 뿐이라는 행동주의 심리학, 신경환자들의 병리현상을 보통 인간의 마음구조로 일반화시킨 프로이트의 정신분석학적 오류가 그 대표적 왜곡이다. 거기에 더해져 생리학과 정보공학은 인간의 감정이란 생화학적 알고리즘의 다름 아니라고 진단함으로써 인간을 전자 알고리즘인 컴퓨터와의 차별성도 없는 낙후된 계산기로 전락시키고 있다. 이것이 현실이다.

인성의 원소를 이루고 있는 감정과 의지의 폄하는 그것의 발현으로서의 자기계발까지도 위축시켜 주어진 환경에 수동적으로 반응하는 기계적 인간으로 운명화시켰다. 그러나 학문적 주장이 삶을 지배할 수 없고 과학적 가능성이 필연적 예언이 될 수 없다. '마음먹기 나름'이라는 고전적 인본주의의 지향방식은 여전히 유효하며, 합리적인 마음의 인식과 효율적인 의지의 적용은 무한한 자기계발의 여지를 남겨 두고 있다. 아직도 그리고 여전히 희망은 있다는 의미다. 희망의 꽃은 삶의 온도가 빙점에 이르러서야 피는 법, 인간이 곡해된 상황에서 그에 대한 연구는 더욱 절실하고 중요하다. 인성과 자기계발의 연구가 의미 있는 이유이다.

함께한 연구자들이 있다. 공저자 송창백 교수는 필자가 감상적 인문학의 오류에 빠지지 않도록 교육공학적 엄밀함과 통찰로 책의 부실함을 메워주었다. 청출어람은 그를 두고 한 말이다. 여기에 또 다른 공저자 이인철 교수의 교육철학적 아이디어와 감수가 더해져 부족하나마 졸저를 출간하게 되었다. 이들이 아니었으면 감히 출판을 생각할 수도 없었다. 책을 집필하는 동안 『사피엔스』의 저자이며 천재적 역사가인 유발 하라리의 『호모데우스(Homo Deus)』가 번역 출간되었다. 그에게 받은 지적 영감과 충격은 이루 말할 수 없다. 이 책의 10장은 그의 영감과 통찰에 의존된 바 크다. 그가 진단한 인간의 종말은 매우 우울하다. 인성과 자기계발 교재를 집필하는 저자의 전의를 상실케 하기에 충분했다. 그러나 인간의 한계의 끝이 보이는 막다른 골목에서도 자기계발의 여지와 숙제는 있으며, 그로 인한 인간과 사회의 갱신은 언제나 열려있다는 믿음이 있기에 위로 받는다. 이 책은 그간의 강의록을 보완한 것이다.

이 책이 인성이라는 그림의 덧칠에 조금이나마 기여하길 바란다. 더불어 자기계발의 지평이 넓어질 수 있도록 능력의 극한까지 노력하는 계기가 된다면 더할 나위 없이 좋겠다. 인간의 인성과 자기계발은 언제나 진행형이다.

2018. 2.

대표 저자 이명선

CONTENTS

차 / 례

CONTENTS

차 / 례

CONTENTS

CHAPTER 01

인성교육

QUESTION

1. 인성교육, 무엇이 문제인가
2. 과학으로서의 인성교육
3. 인성은 바뀔 수 있는 것인가
4. 거울, 중요한 타자
5. 거울 보고 화장하기
6. 교사의 역할

• Opening

넌 정말 믿을 수 있어!

• 내가 가장 믿을 수 있는 친구는 어떤 성격의 인간성을 가지고 있는 친구인지를 작성해 보세요(친구의 특징과 말투, 성격 등을 작성하세요).

정말 이런 친구는 너무 싫다?

• 내가 싫어하는 친구는 어떤 특성을 가지고 있을까? 생각나는 대로 적어보세요.

워렌 버핏이 대학생들에게 남긴 명언

워렌 버핏이 미국의 대학생들에게 물었다. "자신의 미래 수익의 10%를 투자해야 한다면, 투자하고 싶은 사람을 주위에서 골라 보십시오. 가장 잘생긴 사람이나 운동을 잘하는 학생? 키가 큰 학생, 가장 날쌘 학생, 가장 돈이 많은 학생? 머리가 좋은 학생?"

“대부분의 사람들은 이런 학생을 고르진 않습니다. 당신이 고르는 대상은 그들 가운데 가장 인성이 뛰어난 사람일 것입니다. 누가 가장 많은 수익을 올릴지 모든 사람은 본능적으로 알기 때문입니다.”

“거꾸로 당신이 가장 투자하고 싶지 않은 사람, 다시 말해 가장 수익이 떨어질 것으로 보이는 사람을 골라 보십시오. 이번에도 가장 성적이 떨어지거나 운동시합이 있을 때마다 후보 신세를 벗어나지 못하고 만년 벤치나 데우고 있는 학생이나, 나아가 지능이 가장 떨어지는 학생일 가능성이 큽니다.”

“당신이 고르는 대상은 잔머리를 굴리고 거짓말을 하고 남의 공로를 가로채는 신뢰할 수 없고 이기적이고 오만하며 독선적이고 신용이 없는 사람일 것입니다. 이 두 부류 사람들의 차이는 인생에서 성공하느냐 실패하느냐의 차이입니다.”

“인성은 당신의 말, 행동, 옷차림, 당신이 쓴 글, 심지어 당신의 생김새에서까지 모든 면에서 드러납니다. 결코 숨길 수도 위조할 수도 없습니다. 숨길 수 없지만 고칠 수 없는 것도 아니니 희망을 잃지 마십시오. 인성 또한 하나의 습관이기 때문입니다. 당신이 닮고 싶은 사람의 인성의 특징을 종이 한 장에다가 써 보십시오. 반대로 당신이 닮고 싶지 않은 사람의 인격의 특징을 써 보십시오. 그리고 둘 사이의 차이를 비교해 보십시오. 그것은 결코 큰 차이가 아닐 것입니다.

야구공을 100미터 넘게 던지느냐 못 던지느냐, 역기를 100킬로 넘게 드느냐 마느냐의 차이가 아닐 것입니다. 거짓말을 하느냐, 안 하느냐, 자기 마음대로 말을 내뱉느냐, 한 번 더 생각을 하느냐. 남을 배려하는 말투인가, 남을 무시하는 말투인가 조금 더 신경 써서 일하느냐 조금 더 게으르게 행동하느냐, 잘못을 저질렀을 때 정직한가, 아니면 둘러대며 남 탓 하는가.”

"이와 같이 결코 큰 차이가 아닌 작은 차이가 나중엔 엄청난 차이를 만들어냅니다. 여러분이 아직 젊다면 여러분이 닮고 싶은 인성을 조금만 신경 써 연습한다면, 머지않아 당신의 인격으로 만들 수 있을 것입니다. 인성 또한 습관이기 때문입니다. 습관은 처음엔 깃털 같아 결코 느낄 수 없지만, 나중엔 무거운 쇳덩이 같아 결코 바꿀 수 없습니다. 내 나이 때 습관을 고치는 것은 거의 불가능에 가깝습니다. 여러분은 젊습니다. 아직 충분히 기회가 있습니다. 그러니 정직하십시오. 어떠한 경우에도 거짓말하지 마세요. 변호사가 뭐라 하든 신경 쓰지 마세요. 그저 자기가 보는 그대로 풀어 놓으십시오. 저의 성공에는 우리 '버크셔 해서웨이'의 평판 덕이 큽니다. 저는 저의 사람들에게 법의 테두리보다 훨씬 더 안쪽의 경계선에서 행동하며, 우리에게 비판적이고 또한 영리한 기자가 우리의 행동을 신문에 대서특필할 수 있을 정도로 행동하길 바랐습니다. 저는 저의 회사들의 지사장들에게 2년에 한번 이와 같은 메시지를 줍니다. '여러분은 돈을 잃어도 상관없습니다. 많은 돈이어도 괜찮습니다. 하지만 평판을 잃지 마십시오. 인성을 잃지는 마십시오. 우리에겐 돈을 잃은 여유는 충분히 있으나 평판을 잃는 여유는 조금도 없습니다.' 여러분들은 아직 젊습니다. 지금의 모습보다 훨씬 나아질 가능성이 충분합니다. 결코 돈 때문에 직장을 선택하거나 사람을 사귀지 마십시오. 여러분이 좋아하는 직업을 갖고 좋아하고 존경할 만한 사람만을 사귀십시오. 저는 아무리 큰돈을 벌어준다고 해도 도덕적으로 믿을 수 없고, 신용이 가지 않은 사람과는 함께 사업을 하지 않습니다. 그것은 언젠가는 '뱉어내야 한다'란 걸 알고 있기 때문입니다. 저는 1년 내내 제가 좋아하는 일을 제가 좋아하는 사람들과만 함께 합니다. 제 속을 뒤집어 놓는 사람과는 상종도 안 하죠. 결국 가장 중요한 것은 이것이라고 생각합니다. 이것이 제 원칙입니다. 금전적으로 성공하는 것은 두 번째의 일입니다. 전 가난했던 젊은 시절에도 저는 충분히 행복했고 지금처럼 제 일을 사랑했습니다. 가난했던 때와 조금은 부유해진 지금과 바뀐 것은 저에겐 별로 없습니다. 여러분들이 좋아하는 일을 즐겁게 하고 성실히, 그리고 정직하게 생활한다면, 거기다 유머 또한 잃지 않고 하루를 유쾌히 감사한다면, 여러분은 성공을 결코 피할 수 없을 겁니다.

출처: http://m3004.com/bbs/board.php?bo_table=B20&wr_id=735

• Explanation

1. 인성교육 무엇이 문제인가

인성의 중요성이 강조되고 있다. 인성은 스펙과는 달리 한 인간의 변하기 어려운 항구적 특성이기에 중장기적 관점에서 볼 때 기업에서나 인간관계에서도 매우 중요하게 평가된다. 최근 인공지능과 대체기능의 출현으로 기능적인 스펙의 중요성이 감소되고 그 자리에 인성이 대신하는 추세다. 관리자는 고용자와의 관계에서 예측가능성과 지속가능성을 중요한 요소로 생각한다. 스펙보다는 인성을 우선하겠다는 의미다. 기업에서는 인간관계의 중요성과 소통의 문제가 장기적 관점에서 기업 경쟁력을 좌우한다고 판단한다. 따라서 이미 고용시장에 있어서 인성이란 종족변수가 아니라 절대변수가 되었다. 인성은 이제 모든 인관관계에 있어서 변수가 아닌 상수가 된 것이다.

문제는 인성의 중요성이 강조되고 있지만, 정작 인성에 대한 정의가 모호하고 정의를 규정했다고 하더라도 후천적 요소로 인해 굳어진 인성이 재구조화될 수 있거나 변형될 수 있는가에 대한 문제가 있다. 인성이란 아동의 유아기적 경험에 의하여 구축된 세계관이며 그것의 심리적 반응으로 형성되는 것이다.

심리학적 기초와 고민 없이 인성에 대해 접근하는 것은 교사에게는 자칫 감상적 교훈으로, 학생에게는 일시적 감정행위인 결심중독에 빠지게 하는 감정놀음으로 전락할 위험이 있다. 그런 방법은 긍정적 결과를 기대하기 힘들다. 처음부터 인성에 대한 접근이 과학적으로 설계되어 있지 않았기 때문이다.

2. 과학으로서의 인성교육

인성교육이 과학이 되려면 그 안에 막연한 희망적 전망을 배제해야 한다. 그것은 도덕철학과 종교의 영역이다. 섞어찌개가 되면 이도 저도 아닌 것이 된다. 인성교육이 과학의 영역으로 수렴되려면 귀납법적 연구결과에 순응해야 한다. 매일 지각하는 아이는 앞으로도 지각할 확률이 높다. 일시적 교훈으로 지각습관이 교정된다고 믿는 것은 학문적 오류이고 낭만이다. 인성에 대한 접근에서 감정적 요소가 배제되어야 할 이유이다. 인성이란 결정적 시기(critical period)에 각인된 요소가 시간이 흐르면서 주위환경과의 상호작용을 통해 자기만의 색깔을 갖게 된 그만의 독특성이다. 문제는 대다수의 경우 아동의 결정적 시기(3~5세)에 경험을 이루었던 환경과 그 후의 환경 사이에 큰 편차가 없다는 것에 있다. 부모가 바뀌는 것도 아니고 갑자기 부모의 양육태도가 바뀌는 것도 아니기 때문이다. 그렇게 굳어진 아이들이 20세가 되었다. 그들을 어찌 대해야 할 것인가?

비관과 낙관은 동전의 양면이다. 인성이란 이미 완고하게 굳어져서 교정이 힘든 것이기에 비관적이라고 한다면, 거꾸로 뒤집어서 생각해 보면 그것은 그만큼 예측 가능한 존재라는 것을 의미하기에 긍정적이다. 예측 가능한 존재라는 것은 과학적 영역 안에 포섭된 존재라는 뜻이다. 그에게 합리적 통제와 제어 기능의 수단이 유효하다는 뜻이다. 제어할 수 있는 존재는 목표설정이 가능하다. 자의든 타의든 목표 안에 수렴될 수 있는 존재는 학문적 연구와 지도의 대상이 된다. 인성문제에 있어서 문제 해결 방법이 소원과 기도가 아닌 귀납법적 검증체계와 그것에 기반한 목표설정이라면 인성교육은 이미 충분히 과학이다.

조관일(2014)은 인성에 대한 객관적 구성요소를 긍정성, 밝음과 쾌활, 신의와 윤리, 친화와 협력성, 자제력과 통제력으로 정리했다. 그런 N형 인간의 전형으로 '빨간 머리 앤'을 예로 들고 있다.

빛나는 눈과 맑고 듣기 좋은 목소리
수다스럽지만 흔하지 않은 영혼
가끔 어처구니 없는 실수를 저지르지만 꾸밈없는 정직함과 성실함
감정을 솔직히 표현하면서도 애교있는 태도
생기있는 열정과 정의감
사람을 좋아하며 배려하고 사랑하며
자기를 키워준 사람에 대한 변하지 않는 의리와 충성심
어려운 환경에서도 항상 긍정하며 풍부한 상상력으로
아름다운 세상을 꿈꾼다.

3. 인성은 바뀔 수 있는 것인가(인성은 동양화가 아니라 유화다)

인성교육에 있어서 우리는 실패의 경험이 더 많다. 이유는 간단하다. 아이를 바꾸려 하기 때문이다. 실패의 원인은 아이의 인성을 교정할 수 있다는 교만에서 비롯된다. 교만과 무지는 하나의 두 모습이다. 무지하기 때문에 교만한 것이다. 인생을 겸허히 되돌아본 사람이라면 사람 바꾸는 것이 얼마나 힘든 것인지 고백할 수밖에 없다. 그것은 이루기 어려운 영역이라기보다는 불가능의 영역 같아 보인다. 그러나 그러한 고백은 자괴감을 가져온다. 바꿀 수 없다면 얼마나 불행한가. 인성이라는 것이 유아기에 고착되었기에 우리가 어찌할 수 없는 운명의 영역이라면, 자기 초월적 의지가 있는 존재로서의 인간과 모순되는 것은 아닌가. 불행히도 우리는 학습자의 인성을 바꿀 수 있느냐 없느냐의 원시적 질문에서 한 걸음 더 나아가지 못한다.

묻고자 한다. 왜 바꾸려 하는가? 바꾸는 것 외에 대안은 없는 것인가?

인성은 동양화가 아니다. 한 번 붓 칠을 잘못하면 그림 전체가 엉망이 되는 그런 동양화가 아니다. 인성은 유화와 같다. 덧칠할 수 있다. 처음 붓 칠이 만족스럽지 못하면 그 위에 덧칠할 수 있다. 그림의 전체 구도는 바뀌지 않더라도 부분부분 불만족스러운 부분은 덧칠하면 된다. 인성의 전체 그림은 바꾸기 힘들어도 덧칠은 가능하다는 뜻이다. 구도는 변하지 않더라도 구석의 색깔 하나만 바꿔어도 이전과는 완전히 다른 그림이 된다. 나무 하나만 그려 넣어도 그림은 풍요로워진다. 새 한 마리를 추가한다면 더 말할 나위 없다. 그렇다면 누가 덧칠을 할 것인가?

4. 거울, 중요한 타자(significant others)

의사가 가장 싫어하는 것은 환자의 자가진단이다. "내 병은 내가 알아요." 그러나 현실은 그와는 정반대다. 자신의 병을 자신이 발견하고 치료하는 것은 매우 어렵다. 코끼리 발밑에서 코끼리 전체의 모습을 설명하는 것은 불가능하다. 부분적으로 디테일하게 묘사할 수는 있지만 그것이 코끼리의 전체 모습은 아니다. 코끼리의 전체 모습을 보려면 너무 멀리 떨어져서도 아니고 너무 가까이에서도 아니다. 적당한 거리가 필요하다. 사람도 마찬가지이다. 세상에서 자기 자신을 자기가 제일 잘 알고 있다고 생각하지만 그것은 착각이다. 부모 역시 자녀의 단면만 충실하게 볼 뿐이다. 그들은 너무 가깝기에 전체적 조망능력이 없다.

한 인간의 삶의 변화와 인성형성에 결정적인 역할을 하는 사람을 사회학에서는 '중요한 타자(signifiacant others)'라고 한다. 사회심리학자인 G. H. Mead의 개념이다. 인생에 중요한 타자가 있는 사람의 삶은 의미가 있다. 삶이 건조하고 무의미한 사람은 중요한 타자를 경험하지 못한 것이 그 이유일 수 있다. 한 인간의 삶에 있어서 중요한 타자가 의미 있는 것은 바로 그가 덧칠을 할 수 있는 동기 부여의 원인 제공자이기 때문이다. 청소년 시기에 중요한 타자를 만나면 인성교정의 결정적 계기가 될 수 있다. 교사는 학생에게 중요한 타자이거나 아니면 중요한 타자를 만날 수 있게 해주는 가교 역할을 할 수 있는 존재다. 아이들은 중요한 타자를 만나야 본래의 자신의 모습을 보게 된다. 아이들에게 중요한 타자는 자신을 볼 수 있는 거울이 된다. 중요한 타자를 보고 자신의 모습을 반성하며 교정하려는 시도를 하게 된다. 거울을 보아야 화장을 한다.

한 인간의 인성형성 과정에서 제일 중요한 타자는 당연히 부모다. 그러나 이미 형성된 인성을 교정하려면 다른 중요한 타자가 필요하다. 교사와 선배, 친구들이 더 적절할 수 있다.

5. 거울 보고 화장하기(persona와 personality)

거울이 있는 사람은 흐트러진 자기 모습을 보게 된다. 정성스럽게 화장도 한다. 심리학자 C. G. Jung은 그것을 가면 쓰는 것으로 표현했다. 가면을 쓰고 있는 동안에는 가면의 얼굴처럼 행동해야 한다. 양반탈을 쓰면 양반처럼, 머슴탈을 쓰면 머슴처럼 행동해야 한다. 가면을 쓰면 본래의 나와 가면의 나 사이에 괴리가 있게 된다. 그러나 가면을 오래 쓰고 있으면 그 역할에 익숙하게 되고 마치 본래의 나처럼 자연스러워진다. 나중에는 본래의 자아와 가면의 나 사이의 구분이 모호해진다. 경계가 무너지면서 가면의 연출된 인격이 본래의 나에게 흡수된다. 가면을 쓰면 처음에는 답답하다. 그러나 오래 쓰고 있으면 마치 안경을 쓴 듯 자연스럽다. 이미 나의 일부를 이루었다는 의미다. 가면을 오래 쓰면 일종의 새로운 피부가 되는 것과 같다. 영어에서의 인성이라는 말인 퍼스널리티(personility)는 라틴어 페르소나(persona)에서 나온 말이다. 페르소나는 가면이라는 뜻이다. 인성이라는 말의 어원이 가면이라는 것은 많은 의미를 내포하고 있다.

가면과 덧칠은 결국 같은 맥락이다. 교사는 이미 굳을대로 굳어진 학생의 인성을 근본에서부터 바꿀 수 없다. 다만 가면을 씌울 수는 있다. 사회적으로 합당하고 긍정적으로 공인된 가면, 점진적 삶의 방향을 개선할 수 있는 미래지향적 가면, 자신의 본래적 자아와 충돌하지만 그러한 불편함에도 불구하고 써야 하는 당위성이 있는 가면을 맞춤식으로 선택하여 권할 수 있다. 불편하고 고통스럽지만 언젠가 가면은 그의 얼굴이 된다. 후천적 인성이 된다는 뜻이다.

외부조건과 타협의 산물로서의 외부인격인 페르조나와 '본래의 나' 사이의 괴리가 크거나, 페르조나에 대한 과도한 집착은 자아상실 및 개성이 상실되는 위험도 있다. 그러나 건전한 가면을 통한 건전한 인격의 재구성이라는 긍정적 기능도 있다.

6. 교사의 역할(love와 knowledge)

사랑은 보이지 않는 것을 보게 하는 힘이다. 사랑하면 알게 된다. 사랑은 대상에 관한 지식이다. 사랑하면 상대가 무엇을 좋아하는지, 그의 생일이 언젠지, 그의 취미가 무언지 심지어 그가 잠드는 시간까지도 알게 된다. 사랑하면 그가 보인다. 비로소 덧칠이 가능하다. 그러나 화장은 본디 자신이 하는 것, 교사는 희망사항을 말해줄 수는 있다. 가면을 소개해 줄 수 있다. "너에겐 이 화장이 어울려, 네겐 이 가면이 어울려…" 교사는 덧칠하는 이가 아니라 화장법을 알려주는 사람이다. 그러기 위해서 교사는 대상에 대한 충분하고 완전한 인식에 이르도록 노력해야 한다. 그 인식을 가능케 하는 것이 사랑이다. 대상에 대한 사랑은 그에 대한 지식에 정비례한다. 아이들은 자신에 대한 교사의 관심과 애정을 수용할 때 교사를 존경한다. 비로소 교사는 아이들에게 거울이 된다. 거울이 있으니 그들은 화장할 수 있다.

• Recognition

※ 이 장에서 배운 내용을 상기해 보겠습니다. 다음의 표에 배운 내용을 정리해 보세요.

'인성교육, 무엇이 문제인가'에서 핵심적으로 다루어진 내용을 정리해 보세요.
'과학으로서의 인성교육'에서 핵심적으로 다루어진 내용을 정리해 보세요.
'인성은 바뀔 수 있는 것인가'에서 핵심적으로 다루어진 내용을 정리해 보세요.
'거울, 중요한 타자'에서 핵심적으로 다루어진 내용을 정리해 보세요.
'거울 보고 화장하기'에서 핵심적으로 다루어진 내용을 정리해 보세요.
'교사의 역할'에서 핵심적으로 다루어진 내용을 정리해 보세요.

• Activities

나의 삶에 영향을 준 사람은 누가 있을까요?

※ 나의 삶에 영향을 준 사람을 생각해 보고, 우리 조의 다른 친구들과 함께 나눠봅시다.

자녀의 인성을 높이기 위해 부모는 어떻게 행동해야 할까요?

※ 다음의 인성덕목을 확인하고 이 덕목들을 어떻게 높일 수 있는지와 이 덕목을 높이기 위해 부모는 어떤 역할을 해야 하는지를 의논해 보세요.

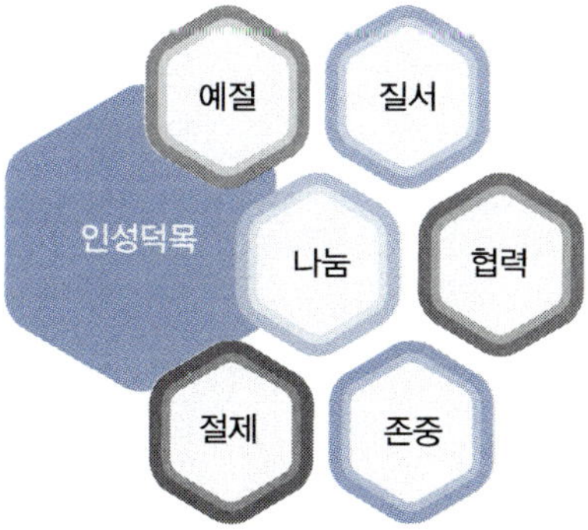

• Reflection

오늘 활동을 통해 어떤 것들을 느꼈나요? 다음 표에 작성해 보세요.

1. 오늘 배운 학습내용 및 활동은 무엇입니까?

2. 활동을 하면서 새롭게 느낀 점은 무엇입니까?

3. 기타 의견

CHAPTER 02

자아인식

QUESTION

1. 자아인식과 긍정심리학
2. 자아인식에 있어서의 '황금비율'
3. 수용: 자신과의 화해
4. 교훈의 신화

◆ Opening

Q: “남자는 ○○가 없기 때문에 여자보다 일찍 죽는다?”

베스트셀러였던 『회복탄력성』의 저자 김주환 교수는 “남자는 ○○가 없기 때문에 여자보다 일찍 죽는다”고 하였다. 여기에서 ○○는 무엇일까? 옆에 있는 친구와 상의해 보세요.

....

....

....

....

회복탄력성지수 테스트

1. 나는 어려운 일이 닥쳤을 때 감정을 통제할 수 있다. (   )
2. 내가 무슨 생각을 하면, 그 생각이 내 기분에 어떤 영향을 미칠지 잘 알아챈다. (   )
3. 이슈가 되는 문제를 가족이나 친구들과 토론할 때 내 감정을 잘 통제할 수 있다. (   )
4. 집중해야 할 중요한 일이 생기면 신바람이 나기보다는 더 스트레스를 받는 편이다. (   )
5. 나는 내 감정에 잘 휘말린다. (   )
6. 때때로 내 감정적인 문제 때문에 학교나 집에서 공부하거나 일할 때 집중하기 힘들다. (   )
7. 당장 해야 할 일이 있으면 나는 어떠한 유혹이나 방해도 잘 이겨내고 할 일을 한다. (   )

8. 아무리 당황스럽고 어려운 상황이 닥쳐도, 나는 내가 어떤 생각을 하고 있는 지 스스로 잘 안다. (   )
9. 누군가가 나에게 화를 낼 경우 나는 우선 그 사람의 의견을 잘 듣는다. (   )
10. 일이 생각대로 잘 안 풀리면 쉽게 포기하는 편이다. (   )
11. 평소 경제적인 소비나 지출 규모에 대해 별다른 계획 없이 지낸다. (   )
12. 미리 계획을 세우기보다는 즉흥적으로 일을 처리하는 편이다. (   )
13. 문제가 생기면 여러 가지 가능한 해결 방안에 대해 먼저 생각한 후에 해결하려고 노력한다. (   )
14. 어려운 일이 생기면 그 원인이 무엇인지 신중하게 생각한 후에 그 문제를 해결하려고 노력한다. (   )
15. 나는 대부분의 상황에서 문제의 원인을 잘 알고 있다고 믿는다. (   )
16. 나는 사건이나 상황을 잘 파악하지 못한다는 이야기를 종종 듣는다. (   )
17. 문제가 생기면 나는 성급하게 결론을 내린다는 이야기를 종종 듣는다. (   )
18. 어려운 일이 생기면, 그 원인을 완전히 이해하지 못했다 하더라도 일단 빨리 해결하는 것이 좋다고 생각한다. (   )
19. 나는 분위기나 대화 상대에 따라 대화를 잘 이끌어 갈 수 있다. (   )
20. 나는 재치 있는 농담을 잘 한다. (   )
21. 나는 내가 표현하고자 하는 바에 대한 적절한 문구나 단어를 잘 찾아낸다. (   )
22. 나는 윗사람과 대화하는 것이 부담스럽다. (   )
23. 나는 대화 중에 다른 생각을 하느라 대화 내용을 놓칠 때가 종종 있다. (   )
24. 나는 대화를 할 때 하고 싶은 말을 다하지 못 하고 주저할 때가 종종 있다. (   )

25. 사람들의 얼굴표정을 보면 어떤 감정인지 알 수 있다. ( )
26. 슬퍼하거나 화를 내거나 당황하는 사람을 보면 그들이 어떤 생각을 하는지 잘 알 수 있다. ( )
27. 동료가 화를 낼 경우 나는 그 이유를 꽤 잘 아는 편이다. ( )
28. 나는 사람들의 행동방식을 때로 이해하기 힘들다. ( )
29. 친한 친구나 애인 혹은 배우자로부터 "당신은 나를 이해 못 해"라는 말을 종 종 듣는다. ( )
30. 동료와 친구들은 내가 자기 말을 잘 듣지 않는다고 한다. ( )
31. 나는 내 주변 사람들로부터 사랑과 관심을 받고 있다. ( )
32. 나는 내 친구들을 정말로 좋아한다. ( )
33. 내 주변 사람들은 내 기분을 잘 이해한다. ( )
34. 서로 도움을 주고받는 친구가 별로 없는 편이다. ( )
35. 나와 정기적으로 만나는 사람들은 대부분 나를 싫어하게 된다. ( )
36. 서로 마음을 터놓고 이야기할 수 있는 친구가 거의 없다. ( )
37. 열심히 일하면 언제나 보답이 있으리라고 생각한다. ( )
38. 맞든 아니든, "아무리 어려운 문제라도 나는 해결할 수 있다"고 일단 믿는 것이 좋다고 생각한다. ( )
39. 어려운 상황이 닥쳐도 나는 모든 일이 다 잘 해결될 거라고 확신한다. ( )
40. 어떤 일을 마치면 주변 사람들이 부정적인 평가를 할까봐 걱정한다. ( )
41. 나에게 일어나는 대부분의 문제들은 나로서는 어쩔 수 없는 상황에 의해 발생한다고 믿는다. ( )
42. 누가 나의 미래에 대해 물어보면, 성공한 나의 모습을 상상하기 힘들다. ( )

43. 내 삶은 내가 생각하는 이상적인 삶에 가깝다. (   )
44. 내 인생의 여러 가지 조건들은 만족스럽다. (   )
45. 나는 내 삶에 만족한다. (   )
46. 나는 내 삶에서 중요하다고 생각한 것들은 다 갖고 있다. (   )
47. 나는 다시 태어나도 나의 현재 삶을 다시 살고 싶다. (   )
48. 나는 다양한 종류의 많은 사람들에게 고마움을 느낀다. (   )
49. 내가 고맙게 여기는 것들을 모두 적는다면, 아주 긴 목록이 될 것이다. (   )
50. 나이가 들어갈수록 내 삶의 일부가 된 사람, 사건, 생활에 감사하는 마음이 더 커져간다. (   )
51. 나는 감사해야 할 것이 별로 없다. (   )
52. 세상을 둘러볼 때, 내가 고마워 할 것은 별로 없다.
53. 사람이나 일에 대한 고마움을 한참 시간이 지난 후에야 겨우 느낀다. (   )

〈채점 및 점수 해석 방법〉

4, 5, 6, 10, 11, 12, 16, 17, 18, 22, 23, 24, 28, 29, 30, 34, 35, 36, 40, 41, 42, 51, 52, 53번 문항은 6에서 자신의 점수를 뺀 것을 점수로 계산한다. 예컨대 1이라고 적었으면 5점, 3은 3점, 5는 1점으로 환산(역산)한다.

◆ 자기조절능력 = 감정조절력 + 충동통제력 + 원인분석력

1번부터 6번 문항까지의 점수의 합은 당신의 감정조절력을, 7번부터 12번 문항은 충동통제력을, 그리고 13번부터 18번까지의 문항은 원인분석력을 나타낸다. 그리고 이 셋을 합한 점수가 당신의 자기조절능력 점수다. 우리나라 성인들의 자기조절능력의 평균 점수는 63.5점이다. 만약 당신의 점수가 63점 이하라면 자기조절능력을 높이기 위해 노력하는 것이 좋다.

만약 55점 이하라면 자기조절능력을 향상시키기 위해 반드시 노력해야 한다. 하위 20%에 해당하기 때문이다. 70점 이상이 나왔다면 당신의 자기조절능력에는 별 문제가 없다고 봐도 좋으며, 75점 이상이라면 아주 높은 편(상위 7% 이내)이니 자부심을 가져도 좋다.

◆ 대인관계능력 = 소통능력 + 공감능력 + 자아확장력

19번부터 24번까지는 소통능력, 25번부터 30번까지는 공감능력, 31번부터 36번까지는 자아확장력의 점수를 각각 나타낸다. 그리고 이 셋의 점수를 합친 것이 당신의 대인관계능력 점수다. 우리나라 사람들의 대인관계능력의 평균 점수는 67.8점이다. 만약 당신의 점수가 67점 이하라면 대인관계능력을 높이기 위해 노력하는 것이 좋다. 62점 이하라면 대인관계능력을 높이기 위해 반드시 노력해야 한다. 하위 20%에 해당하기 때문이다. 이렇게 점수가 낮은 사람들은 조금만 노력해도 스스로 그 효과를 금방 느낄 수 있다. 만약 대인관계능력의 점수가 74점 이상이 나왔다면 당신의 대인관계능력에는 별 문제가 없다고 봐도 좋으며, 80점 이상이라면 당신은 대인관계와 사회성이 아주 뛰어난 편(상위 6% 이내)이라 할 수 있다.

◆ 긍정성 = 자아낙관성 + 생활만족도 + 감사하기

긍정성은 자기 스스로의 장점과 강점을 낙관적으로 바라보는 태도(37~42번), 행복의 기본수준이라 할 수 있는 삶에 대한 만족도(43~47번), 그리고 삶과 주변 사람에 대해 감사하는 태도(48~53번)로 측정된다. 우리나라 사람들의 긍정성의 평균 점수는 63.4점이다. 만약 당신의 점수가 63점 이하라면 긍정성을 높이기 위해 노력하는 것이 좋다. 56점 이하라면 긍정성을 높이기 위해 반드시 노력해야 한다. 하위 20%에 해당하기 때문이다. 만약 긍정성의

점수가 70점 이상이 나왔다면 당신의 긍정성에는 별문제가 없다고 봐도 좋으며, 75점 이상이라면 당신은 대단히 긍정성이 높은 사람(상위 6% 이내)이니 자부심을 가져도 좋다. 이상 자기조절능력, 대인관계능력, 긍정성의 세 가지 점수의 총합이 당신의 회복탄력성 지수다.

우리나라 사람들의 평균점수는 195점이다. 만약 당신의 점수가 190점 이하라면 회복탄력성을 높이기 위해 노력하는 것이 좋다. 180점 이하라면 당신은 자그마한 부정적인 사건에도 쉽게 영향 받는 나약한 존재이다. 당신은 되튀어 오를 힘을 빨리 길러야 한다. 170점 이하라면 당신은 깨지기 쉬운 유리 같은 존재라 할 수 있다. 크고 작은 자그마한 불행에도 쉽게 상처를 입게 되며 그 상처는 쉽게 치유되지 않을 것이다. 하루하루 살얼음 위를 걷는 기분으로 살아온 당신은 지금 당장 회복탄력성을 높이기 위해 온 힘을 기울어야 한다.

만약 당신의 점수가 200점을 넘는다면 일단 안심이다. 그러나 212점 정도는 돼야 상위 20%에 들 수 있다. 220점을 넘는다면 당신은 대단히 회복탄력성이 높은 사람이다. 웬만한 불행한 사건은 당신을 흔들어 놓지 못한다. 오히려 역경은 당신을 더 높은 곳으로 올려놓기 위한 스프링보드이니 즐겁게 받아들일 일이다.

출처: 김주환(2011), 『회복탄력성』 중에서

A: "남자는 ㅇㅇ가 없기 때문에 여자보다 일찍 죽는다!"

"'남자 둘'의 관계는 한 사회의 사적 소통의 정도를 나타내는 지표적 성격이 있다. 남녀관계는 성적 관심, 여자 둘의 관계는 피지배자의 연대감이 개입한다. … 한국에서 가장 일반적인 '남자 둘'의 풍경은 사회적 관계로 얽힌 두 남자가 '업무'나 정치 이야기를 하면서 술을 마시는 것이다. 개인적인 대화를 나누는 경우는 흔치 않다. 한국 남자들은 단둘이 마주하는 걸 유난히 불편해 한다. 그건 사적 소통에 익숙하지 않다는 것이다." 그러니까 이런 우스개도 한 번 꺼내 보자. 60을 넘어선 여자와 남자에게 꼭 필요한 것 5가지씩. 우선 여자에게 필요한 것. 딸, 친구, 건강, 집, 돈. 남자는? 아내, 부인, 와이프, 마누라, 집사람. 우스개지만 뼈가 있는 진실이기도 하다. 남자는 '강한 척'할 뿐 약하다. 그 이유 중의 하나, 관계를 잘 맺지 못하는, 즉 '회복탄력성'이 여자보다 낮기 때문이다.

『회복탄력성』의 저자 김주환 교수(연세대 언론홍보영상학부)의 이야기를 들어보자. "남자가 빨리 죽는 이유가 친구가 없어서다. 남자는 친구 맺는 법을 모른다. 우정은 남자에게만 있다고? 거짓말이다. 남자에겐 우정이 없다. 여자에게만 있다. 남자는 공통적으로 할 수 있는 활동만 한다. 당구치고, 술 마시고. 여자들은 수다만 떤다고 하지만, 수다는 관계의 확인이다. 남자는 이야기를 나눌 능력이 없다. 그래서 남자는 빨리 죽는다."

"성취, 성공 등 뭔가를 이룬 사람은 역경을 딛고 오른 사람이다. 위인은 역경이 많고 이를 이겨낸 사람이다. 이순신 장군을 봐라. 고난의 연속이었다. 그런데 그걸 하나씩 딛고 일어섰다. 링컨도 낙선을 많이 하고, 사업도 실패했고, 대통령이 돼서도 모든 신문이 그를 나쁘다고 욕했다. 그럼에도 그는 미국 역사상 가장 위대한 대통령이 됐다. 그러니까 위인들은 역경에도 '불구하고'가 아니고, 역경 '덕분에'로 말해야 한다."

역경 앞에 좌절하지 않았고, 무릎도 꿇지 않았다. 외려 이를 딛고 일어섰다. 대체 어떤 힘이 있었기에? 그 힘은, 회복탄력성이다. 회복탄력성은 자신에게 닥치는 온갖 역경과 어려움을 오히려 도약의 발판으로 삼는 힘이다. 성공은 어려움이나 실패가 없는 상태가 아니라 역경과 시련을 극복해낸 상태를 말한다.

회복탄력성을 강화하는 방법은 두 가지가 있다. 하나는 '감사하기'로 이는 마음의 좋은 습관이고, 다른 하나는 '운동하기'로 이는 몸에 좋은 습관이다. 아무리 부정적이고 비관적인 사람이라도 3개월 이후부터 긍정적인 뇌로 확실하게 바뀌게 될 것이며, 회복탄력성 역시 높아질 것이다.

출처: 김주환 교수, 작가와의 만남(http://ch.yes24.com/Article/View/17471)

• Explanation

“땅이 비옥하면 사람들이 나약해진다. 좋은 과일과 좋은 군인을 동시에 배출하는 땅은 없다. 비옥한 땅에서는 달콤한 과일을 수확할 수 있을지 모르겠지만 그런 조건은 지배하기보다 지배당할 가능성이 크다.” 그리스의 위대한 역사가 헤로도토스의 말이다(박현태 역, 2008). 긍정적 자아인식에 관한 이처럼 적절한 말은 찾기 힘들다. 그의 통찰은 국가뿐 아니라 한 인간의 삶에도 그대로 적용된다. 객관적 삶의 처지가 만족스럽지 못한 환경은 그 나름의 장점도 있다. 마음먹기 나름이다. ‘마음먹기 나름’이라는 것은 긍정적 사고의 다름 아니다. 따지고 보면 긍정적이지 못한 조건은 없다. 환경에 눌리어 자신을 스스로 왜곡시키는 이들이 많다. 자신을 축소시키는 것은 겸양의 덕이 아니다. 긍정적인 눈으로 자신을 인식할 필요가 있다. 긍정적 자아인식은 삶의 방향과 질을 결정한다.

1. 자아인식과 긍정심리학

M. Seligman(권석만, 2013)에 의해 주창되어온 긍정심리학은 기존 심리학의 역할과 한계에 도전한다. 그에 의하면 기존 심리학은 자신의 연구 영역에 응당 있어야 할 ‘인간 행복’이라는 문제를 연구과제에서 망각하였다는 것이다. 비정상적인 부적 정서자들과 정신장애자들의 연구와 치료에 관심을 집중하는 과정에서 심리학은 인간의 병리적 현상만 확대 해석하고 인간의 자기주도성이나 자아성취능력과 같은 미래지향적 능력을 무시하고 간과하였다는 것이다. 그 결과 심리학을 공부하면 할수록 인간의 마음에 대한 비정상성에 관심하기에 인간에 대한 우울한 전망을 하게 된다는 것이다. 마치

세균학자들에게는 모든 것이 세균과 그 서식처처럼 보이는 것과 같은 이치다. 이처럼 기존 심리학은 인간에 대한 부정적 측면에 집중하기에 그러한 연구결과를 토대로 한 인간관계론과 인성론은 인간에 대한 부정적 전망을 당연시한다. 인간의 자아인식도 물론 비관적이다. 학생들에게 자기 자신에 대한 평가를 물으면 긍정적인 것보다 부정적인 응답이 훨씬 많다. 문제는 연구자들이나 학생 모두 이러한 평가가 당연하다고 생각한다는 것에 있다. 마치 행복보다는 불행의 경험이, 자아인식에 있어서는 긍정적 요소보다 불만족의 요소가 더 많아야 정상으로 판단되는 듯하다. 이미 이루어 놓은 것보다 앞으로 개선되어야 할 것이 더 많다는 자아 비판적 평가는 인간의 자아인식에 있어서 우울한 전망을 하게 한다. 더욱이 그러한 자기비판적인 어두운 자아인식은 지극히 주관적 평가에 기초하고 있으며, 그것은 이미 결핍과 불만족을 운명적이고 당연한 것으로 생각하는 선행 연구와 풍조들이 있었기에 가능했다. Myers와 Diener(1995)에 의하면 1999년대까지 이루어진 심리학 연구 중에서 인간의 부정적 측면을 연구한 논문이 긍정적 측면을 다룬 논문보다 17배나 많았다(권석만, 2013 재인용).

긍정심리학은 인간의 어두운 측면만을 다루는 기존의 심리학을 비판하며 건전한 방향으로의 수정을 요구한다. 긍정심리학은 심리학이 사람들의 행복과 자아성취에 대해 무관심한 결과 어둠의 학문으로 전락하였다고 지적한다. 긍정심리학의 창시자인 Seligman은 '학습된 낙관주의'(learned optimism, 최호영 역, 2008)라는 새롭고 충격적인 이론을 주창한다. 행복과 긍정적 사고는 환경적 요소에 의해 결정되는 것이 아니라 학습의 결과라는 것이다. 인간 안에 있는 자기긍정적 요소, 즉 효율적으로 기능하고 올바르게 행동하며 목적지향적인 것들을 적극적으로 찾아내어 자기성찰과 자기인식 그리고 미래 설계에 반영하도록 촉진하는 것이 긍정심리학이다. 자아인식의 방법과 연구들은 긍정심리학의 요구와 주장들을 수용할 필요가 있다. 자아인식 연구에 있어서 학습자에 대한 연구 프레임을 긍정으로 설정할 것인가 부정으로 설정할 것인가에 의해 결과는 전혀 다르게 나타난다. 긍정의 눈으로 볼 필요가 있다.

2. 자아인식에 있어서의 '황금비율'

대다수의 심리학자들은 건전한 자아인식에 있어서 자아존중감 대 열등감의 비율이 70:30 상태가 가장 이상적이라는 것에 동의한다. 이 상태의 비율이 인간의 정서 및 지력에 있어서 최고의 능력을 실현할 수 있는 상태라는 것이다. 물론 이러한 이상적인 상태의 비율은 아동의 가정환경과 부모의 양육방식에 의해 상당 부분 정해진다는 것은 인정할 수밖에 없다. 그러나 행복에 관한 최근 심리학에 대한 연구는 행복은 학습되어질 수 있다는 것을 밝혀내었다. '학습된 낙관주의(learned optimism)'가 그것이다. 진정한 행복은 선천적 기질이나 삶의 조건에 대한 반응으로 얻어지는 것이 아니라 주어진 조건에 대한 긍정적 해석에 의해 획득될 수 있는 것이다. 위축된 자아인식 역시 고착된 것이 아니라 학습과 노력으로 개선될 수 있다. 그것은 자신에 대한 근본에서부터의 재조명과 재평가가 선행되어야 가능하다.

3. 수용: 자신과의 화해(Accept, you are accepted!)

"받아들여라, 네가 받아들여졌음을 받아들여라!" P. Tillich(Brown. D. M, 이계준 역, 1986)의 외침을 묵상할 필요가 있다. 세상에서 가장 아름다운 화해는 자기와의 화해다. 마지막까지 자기를 받아들이지 않는 것은 어쩌면 자기 자신일지 모른다. 자신과의 화해는 자기 자신에 대한 용서가 선행되어야 한다. 인간은 자기와의 화해를 통해서만이 진정한 자아인식이 가능하다. 그러나 자기용서와 자기와의 화해는 말처럼 쉽지 않다. 세상 어느 누구도 자신만큼 자기 얼굴을 거울에 많이 비춰보는 이는 없기 때문이다. 다른 사람에게는 보이지도 않는 내 얼굴의 아주 작은 점 하나도 나에게는 마치 바위처럼 크게 보인다. 볼수록 용서가 되지 않는다.

우리는 예수의 '너희는 세상의 빛이다'는 말씀을 깊이 묵상할 필요가 있다. 많은 설교자들과 교훈자들은 예수의 이 말씀을 미래형인 '빛이 되어라'라고 오역하여 전달한다. 완벽히 틀린 말이다. 예수의 말씀은 현재형이다. '지금' 너희의 존재 자체가 빛이라는 것이다. 부족하고 한계가 뚜렷한 결점 투성이인 지금의 내 존재 자체가 이미 빛이라는 것이다. 이것은 자신과의 화해를 촉구하는 메시지다. 인간은 자기 자신이 이미 빛 그 자체라는 생각을 못한 채 다른 곳에서 빛을 찾고자 노력한다. 찾고자 하는 노력만큼 자신과의 거리는 더욱 멀어지게 된다. 자신이 빛이 아니라고 생각하기에 자신을 높은 곳에 두려는 생각을 애당초 하지 못한다. 세상에서 제일 큰 죄는 자신을 수용하지 못하는 죄다.

자기수용의 예

옛날에 애꾸눈 임금님이 살았습니다. 세상 모든 권력과 부를 가졌지만 그는 자신의 애꾸눈으로 인해 늘 불행하고 깊은 콤플렉스에서 헤어 나오지 못하였습니다. 궁궐 안 임금님의 집무실에는 역대 임금님들의 초상화가 걸려 있습니다. 임금님은 생각합니다. 언젠가 나의 초상화도 저기에 걸려 있겠지……. 그런 생각에 이르자 더 우울해졌습니다. 임금님은 나라에서 가장 그림을 잘 그리는 화가들을 불러 모아 자신의 초상화를 그리게 하였습니다. 그중 최고의 그림 솜씨를 자랑하는 한 화가가 임금님의 초상화를 그린다고 자청하였습니다. 그 화가는 임금님이 애꾸 콤플렉스가 있으니 초상화에 한쪽의 눈을 그려 넣으면 임금님이 좋아할 것이라는 생각을 했습니다. 그렇게 그림을 그린 후 임금님께 보여주었습니다. 임금님이 자신의 초상화를 본 순간 너무 기뻤습니다. 아, 내가 한쪽 눈이 마저

있었다면 이런 모습 이었겠구나……. 그러면서 몹시 좋아했습니다. 그러나 그것도 잠시 뿐의 기쁨이었습니다. 초상화의 그림은 현실의 지금 내 모습이 아니기 때문입니다. 임금님은 다른 화가에게 다시 그리도록 명령했습니다. 명령을 받은 화가는 이번엔 임금님의 현재의 모습을 솔직하게 그렸습니다. 애꾸눈의 임금님입니다. 임금님은 그 그림을 보고 몹시 우울했습니다. 지금의 내 모습이긴 하지만 도저히 받아들이기 힘든 얼굴입니다. 이때 어떤 무명의 화가가 나타나 임금님의 초상화를 그리겠다고 청하였습니다. 그림이 완성된 후 임금님이 그가 그린 그림을 본 순간 무릎을 치며 만족했습니다. 도대체 그 화가는 임금님의 초상화를 어찌 그렸을까요? 무명의 화가가 그린 임금님의 초상화는 임금님의 옆모습이었습니다.

이 이야기는 심리학에서는 창의성의 예로, 인본주의 교육학에서는 인간의 긍정적 차원에 대한 예로써 사용된다. 아무리 망가져 보이는 인간이라 하더라도 사람이라면 그에게는 최소한의 아름다운 측면이 있다고 가정하는 것이다. 이것은 가능성에 대한 원초적 믿음이다. 실제로 우리가 틀에 박힌 관점으로만 보았기에 우리의 모습이 늘 애꾸였는지 모른다.

4. 교훈의 신화

많은 이들은 설득과 설교가 인간을 바꿀 수 있을 것이라고 생각한다. 그러나 이것은 신화다. 상담심리학의 주도 깊은 연구결과에 의하면 설득과 설교가 그 대상에게 유의미한 영향을 주지 못한다. 더욱이 항구적 영향을 주는 것에는 실패한다고 보고하고 있다. 인간의 자아인식은 외부적 충격효과에 의해 자극되는 것은 사실이지만 그것이 긍정적이고 궁극적인 방법은 되지 못한다. 그 이유는 설득과 설교의 대부분이 교화에 방점을 두고 있기 때문이다. 교정과 통제의 의도를 갖고 있는 설득은 상대의 자아를 위축시켜 그

늘지게 만든다. 인본주의 심리학자들에 의하면 고통에 처한 사람들은 대개 빠른 처방을 원하지 않는다고 한다. 처방 대신 누군가 자신의 이야기를 들어주고 자기가 처한 두려움과 불행에 공감해 주기를 원한다고 한다(Harari, 2017). 처방과 교훈은 어쩌면 교사나 상담자에게는 제일 쉬운 방법일지 모른다. 성과도 즉시 드러나고, 무언인가 분명한 도움을 주었다는 성취의식이 있기 때문이다. 이것이 그를 공감과 수용이 아닌 설득과 처방의 유혹으로 빠져들게 만든다.

홍수가 나면 제일 고통스러운 것은 식수의 부족이다. 아이러니한 사실이다. 마찬가지다. 우리는 지금 좋은 말의 홍수 속에 살고 있다. 그러나 정작 먹을 말은 없다. 좋은 말 속에는 언제나 '지적질'이 숨겨져 있기 때문이다. 자식을 걱정하는 부모의 원시적 훈계에서부터 TV에서의 명사들의 교훈까지 사실 그 내용은 거의 다 지적질이다. 차원만 다를 뿐이다. 지적질은 우리의 어두운 면을 과도하게 부각시키고 긍정적 측면을 간과하기에 마침내 애꾸콤플렉스에서 헤어 나오지 못하게 한다. 심지어 애꾸가 아닌 사람도 애꾸를 만든다.

• Recognition

※ 이 장에서 배운 내용을 상기해 보겠습니다. 다음의 표에 배운 내용을 정리해 보세요.

자아형성과 자아인식은 어떠한 차이가 있나요?
'정체성'이란 무엇인가요?
'긍정심리학'이 무엇인지 찾아보고, 행복과 어떤 관련이 있는지 찾아보세요.
자아인식의 '황금비율'이 무엇인가요?
'회복 탄력성'이 무엇인지 찾아보고, 어떻게 하면 회복탄력성을 높일 수 있는지 논의해 보세요.
학습된 낙관주의(learned optimism)가 무엇인지 찾아보세요.

• Activities

나는 누구인가요?

※ 내가 누구인지는 나의 옆사람에게 물어보면 나보다 더 잘 알 수 있습니다. 옆에 있는 친구들에게 내가 누구인지, 나는 어떤 사람인지 물어 보고 다음의 빈 칸에 작성해 보세요.

내가 가장 본받고 싶은 사람은 누구인가요? 왜 그 사람을 본받고 싶나요? 나도 그런 사람이 되려면 어떻게 해야 할까요?

※ 나의 정체성을 확립하기 위한 방안으로 나의 이상형을 들 수 있습니다. 내가 본 받고 싶은 사람을 정하고 그 사람의 어떤 특성을 본받고 싶은지, 또한 내가 그 사람처럼 되려면 무엇을 준비해야 하는지를 확인해 봅시다.

• Reflection

오늘 활동을 통해 어떤 것들을 느꼈나요? 다음 표에 작성해 보세요.

1. 오늘 배운 학습내용 및 활동은 무엇입니까?
2. 활동을 하면서 새롭게 느낀 점은 무엇입니까?
3. 기타 의견

CHAPTER

03

자기관리

QUESTION

1. 긍정경험의 중요성
2. 원인론과 목적론
3. 멘토와 힐링의 신화
4. 타제석기와 마제석기
5. 결심중독
6. Speed란 무엇인가

• Opening

미국의 제퍼슨 대통령에게 배우는 자기관리 10계명

토머스 제퍼슨은 제3대 미국 대통령을 지낸 인물로 33세가 되던 해에 미국 독립선언서의 기초를 잡았던 인물이기도 하다. 제퍼슨 대통령은 자기관리가 철저하기로 유명하다. 이 대통령이 제시한 자기관리 10계명을 확인해 보자.

1. 오늘 할 수 있는 일을 내일로 미루지 않는다.

   제퍼슨은 매일 동트기 전에 자리에서 일어나 그 날 할 일에 대한 목록을 작성했다.

2. 당신 스스로 해결할 수 있는 일로 다른 사람을 괴롭히지 않는다.

   제퍼슨은 정치적 독립뿐 아니라 개인의 독립 역시 중요하게 생각했다. 그는 개인의 독립은 자신의 문제를 스스로 해결하는 능력에서 비롯된다고 생각했다.

3. 번 만큼만 쓴다.

   제퍼슨은 이것을 어렵게 배웠다. 즉 이 충고를 수차례 무시하여 그에 따른 혹독한 대가를 치르면서, 벌기 전에 돈을 써서는 안 된다는 사실을 깨달았다.

4. 값이 싸다는 이유로 원하지도 않는 물건을 구입하지 않는다.

   당신에게 의미가 있는 물건만을 구입한다. 제퍼슨은 물질을 단순한 물질이 아니라 경험을 얻는 수단으로 생각했다.

5. 자만은 허기, 갈증, 추위보다도 많은 대가를 요구한다.

오랫동안 권력의 중심에 있으면서 제퍼슨은 자만이 초래한 참담한 결과를 수없이 목격했다.

6. 소식(小食)을 후회하는 이는 없다.

제퍼슨이 유달리 건강한 생활을 할 수 있었던 것은 건강에 유익한 음식 섭취와 소식 습관 때문이었다.

7. 낙관적인 태도를 갖는다.

선천적으로 낙관적이었던 제퍼슨은 항상 가장 좋아 보이는 것을 선택할 수 있었다. 그것은 그가 '당신이 선택한 것을 손에 넣고 싶다면 당신이 갖고 있는 것을 선택하면 된다'는 식의 사고방식을 갖고 있었기 때문이다.

8. 기우(杞憂)는 마음을 병들게 한다.

제퍼슨은 걱정은 무의미한 일임을 일깨워주고 있다. 그는 낙관적인 사고방식으로 미래에 대한 모든 근심 걱정에서 벗어날 수 있었다.

9. 무리 없이 일을 처리한다.

제퍼슨은 저항을 최소화하면서 일처리를 하는 온유한 사람이었다.

10. 화가 치밀 때는 열까지 센 다음 말한다.

폭발할 것 같을 때는 백까지 세고 말한다. 계몽주의자로서 제퍼슨은 이성의 소리에 귀를 기울였고 말은 이롭기보다 해롭다는 것을 이해했다.

세인트 마가렛팀의 기적!

난 세인트 마가렛팀에서 뛰어요.
우리 얘기 들어보셨나요?

우린 첫 경기 때 19:0으로 졌어요.
그 다음엔 16:0, 8:0, 20:0, 5:0, 12:0, 6:0, 10:0.

그런데 어느 날, 사건이 터진 거예요!

또 지긴 했는데, 이번엔 6대…1! 우린 그날, 이긴 애들보다 더 난리났었잖아요!

우린 실력이 별로 없었지만, 아직 어리고 희망이 있었어요.
우린 배워가는 중이라고 생각했고, 나아질 것이라 믿었죠.
그래서 연습을 계속했고, 토니는 포기하려고 하지 않았어요.
그 애는 우리에게 희망이 있다고 믿었어요.

우리 팀은 항상 상대팀에게 득점할 기회를 주었어요.
상대팀은 득점할 때마다 기뻐했죠.
결국 모든 사람들이 우리 세인트 마가렛은
언제나 지는 팀이라고 생각하게 되었는데,
사실 우린 큰 실망을 하지 않았어요.
첫 번째 골을 넣었을 때, 다들 너무 기뻐했죠.
이긴 팀보다 우리가 더 기뻐했을 정도니까요.
아주 작은 목표 달성이라도, 좋은 시작이 될 수 있다구요!!

출처: 아디다스 CF 중에서

• Explanation

Notarious와 Markman의 연구에 의하면 부부생활의 행복은 '누구와 결혼하느냐'와는 거의 관계가 없으며 전적으로 부부 갈등을 어떻게 해결하느냐에 달려 있다고 한다(권석만, 2013 재인용). 보통의 상식적 생각을 뒤엎는 충격적인 연구 결과다. '관리의 중요성'을 다시 한 번 각인하게 된다. 결국 인생에 있어서 결정적으로 중요한 것은 선천성이 아니라 이미 주어진 조건을 관리하는 것이다. 자기관리는 자기 한계에 대한 명확한 인식에서 시작된다. Havighurst(1972)에 따르면 청년기의 발달 과업 중 중요한 것은 신체적, 환경적 자기 한계에 대한 분명한 인식이다. 예를 들어 키가 작아 콤플렉스가 있거나 가정환경이 불우한 사람이 있다면 그러한 콤플렉스로 인해 삶 전체를 어둡게 하지 말고 청소년 시기에 그 상황을 받아들이고 자기 한계를 인정하는 연습을 해야 한다. 인정해야 자기 관리가 가능하고 한계돌파의 가능성이 열리기 때문이다.

1. 긍정경험의 중요성

나쁜 것은 좋은 것보다 더 강하다(The bad is stronger than the good)라는 말이 있다. 인간은 살다 보면 좋은 일도, 좋지 않은 일도 경험한다. 비율의 문제일 뿐 좋은 일만 있고, 반대로 좋지 않은 일만 있는 사람은 없다. 문제는 생각의 차이다. 예를 들어 어떤 사람에게 좋은 일과 나쁜 일이 그의 삶에 비슷하게 일어났다고 가정할 경우, 그는 자기를 매우 불행한 사람이라고 생각한다. 좋은 일과 나쁜 일이 비슷하게 있었으면 그는 당연히 자기 삶을 보통 정도라고 인식해야 마땅하다. 그러나 사람은 그렇지 않다. 매우 불행하게 생각한다. 그 이유는 좋은 것은 쉽게 잊고 나쁜 것은 쉽게 잊지 못하기 때문이다. 이것은 특정 인간의 성격 탓이 아니다. 인간은 원시시대 이후부터 자연과의 투쟁과정에서 살아남기 위해 부정적인 촉수들을 더 키워야 할 필요가 있었다. 그 후에도 이것이 외부와의 관계에서 자기를 보호하기 위한 수단으로 기능하였기에 자연히 인간의 본능적 요소로 내면화되었다. 진화심리학적 관점에서 보면 당연한 것이다. 그 결과 인간의 5개의 기본정서(분노, 공포, 고통, 슬픔, 행복) 중에서 긍정적인 것은 행복 하나 뿐이다(권석만, 2013).

자기관리는 단지 시간표의 효율적 관리차원이 아니다. 인간에게는 부정적 경험이 긍정적 경험보다 훨씬 자기 인생에 미치는 힘이 강하기 때문에 부정의 감정을 관리하는 것이 자기관리의 중요한 과제이다. 부정적 감정의 과도한 집착은 인생을 우울하게 만든다. 부정적 감정의 집착이 본능에 의해 영향을 받는다면 긍정적 감정은 주도적이고 의도적인 것에 더 많이 좌우된다. 부정적 감정은 의식하지 않아도 언제든 튀어나와 삶을 교란한다. 반면 긍정적 경험은 쉽게 소멸되거나 잊혀진다. 그러기에 자기관리는 의식적으로 부정경험을 누르고 긍정경험을 복원시켜야 하는 수고가 필요하다.

Ryff의 자기관리를 위한 '심리적 안녕'의 6가지 구성요소

1. 환경의 통제(environmental mastery)

주변에서 발생하는 문제를 잘 처리하는 능역과 이에 대한 통제감을 지닌다. 자신의 환경적 조건을 효과적으로 잘 활용한다. 자신의 가치나 욕구에 적합한 환경을 선택하고 창출해낸다.

2. 타인과의 긍정적 인간관계(positive relations with others)

타인과 따뜻하고 신뢰할 수 있는 관계를 형성한다. 타인의 행복에 관심을 지닌다. 공감적이고 애정 어린 친밀한 관계를 형성하는 능력을 지닌다. 인간관계의 상호교환적 속성을 잘 이해한다.

3.자율성(autonomy)

독립적이며 독자적인 결정능력이 있다. 자신을 특정한 방향으로 생각하고 행동하도록 요구하는 사회적 압력에 저항하는 능력을 지니고 있다. 내면적 기준에 의해 행동을 결정한다. 외부적 기준보다 자신의 개인적 기준에 의해 자신을 평가한다.

4. 개인적 성장(personal growth)

자신이 지속적으로 성장하고 있다는 느낌을 갖는다. 자신이 발전하고 확장되고 있으며 자신의 잠재력이 실현되고 있다는 느낌을 지닌다. 새로운 경험에 개방적이다. 자신의 발전과 성장을 위해 노력한다.

5. 인생의 목적(purpose in life)

인생의 목적과 방향감을 지니고 있다. 현재와 과거의 삶에 의미가 있다고 느낀다. 인생에 의미를 부여하는 신념체계를 지니고 있다. 삶에 대한 일관성 있는 목적과 목표를 가지고 있다.

6. 자기수용(self-acceptance)

자기 자신에 대해서 긍정적 태도를 지닌다. 긍정적 특성과 부정적 특성을 모두 포함한 자신의 다양한 특성을 인정하고 수용한다. 과거의 삶에 대해서 긍정적으로 느낀다(Ryff, 1989; 권석만, 긍정심리학, 2013. p. 482. 표 13-1에서 재인용).

2. 원인론과 목적론

인간은 현재의 자기 모습을 어떠한 형태로든지 반추한다. 지금의 나는 어떻게 형성되어 왔는지에 대한 스스로의 질문을 한다. 그 질문에 응답한 것이 원인론과 목적론이다. 지금까지는 압도적으로 원인론을 지지하는 연구결과들이 많다. 이것은 환경론이며 동시에 운명론이다. Freud의 정신분석학적 관점이 바로 그것이다. 과거의 환경과 경험이 현재의 나를 규정한다는 이론은 당연한 듯 보인다. 그러나 이 이론은 인간의 의지와 그것에 기초한 선택과 결단의 힘을 원초적으로 부정하고 있다는 점에서 아쉬움이 있다.

한동안 서점가를 뒤 흔든 베스트셀러 『미움받을 용기』는 원인론적 정신분석학을 근본에서부터 해체시키려는 시도이다. 이 책은 Adler의 심리학을 무기삼아 프로이트의 이론에 정면으로 맞선다(기시미 이치로·고가 후미다케·전경아, 2014). Adler의 이론은 원인론과 대칭되는 목적론이다. 그에 의하면 인간은 과거의 원인에 의해 구성되고 형성되는 무기력한 인간이 아니다. 그의 목적론은 인간의 지금의 모습은 자신이 정해 놓은 목적의 결과라는 것이다. 예를 들어 어떤 이가 "나는 그것을 못 해"라고 자기진단을 했을 경우, 원인론에 의하면 그가 그것을 못 하게 된 과거의 어떤 경험이 트라우마가 되어 지금의 그를 만들어 놓았다고 분석한다. 그러나 아들러의 목적론은 그가 스스로 그것을 안 하기로 작정했기 때문에 못 하게 되었다고 판단한다. 인간은 자기가 목적한 것에 의해 자기를 규정하고 형성해 간다는 것이다. 최근 심리학은 아들러의 목적론에 주목하고 있다. 목적론에는 애당초 트라우마란 없다.

다음의 이야기를 주목해 보자.

사랑했던 연인이 있다. 어느 순간 남자가 여자와 헤어지려고 결심한다. 여자에게서 불만스러운 면을 보았기 때문이다. 밥을 게걸스럽게 먹는다거나, 약속시간에 자주 늦는다거나, 자주 화를 낸다는 등의 이유로 인해 여자에 대한 남자의 마음이 변했다는 것이다. 이것은 원인론적 분석이다. 여자가 원인과 이유를 제공했기 때문이라는 것이다. 그러나 목적론적 분석에 의하면 상황은 달라진다. 여자가 원인을 제공했다는 것은 억지가 된다. 목적론적 설명에 의하면 남자가 그 여자와 헤어지겠다고 결심했기에, 다시 말해서 그렇게 '목적'했기에 그 목적에 부합하도록 남자의 마음이 변형되어서 그것들이 단점으로 보이게 되었다는 것이다. 사실은 여자의 그러한 점은 이전부터 있었던 것이다. 그것이 새삼스럽게 부각된 것은 남자가 헤어지려고 결심했기 때문이다. 다시 말해 그렇게 목적했기 때문이다.

3. 멘토와 힐링의 신화

내비게이션에 과도하게 의존하는 현대인은 이제 길 찾는 촉수가 무뎌져 가고 있다. 심지어 택시기사까지도 내비게이션의 도움을 받는다. 스스로 길을 찾으려하지 않으니 길 찾는 능력이 소멸되어 간다. 우리의 인생도 마찬가지다. 자신의 길을 다른 누군가에 의존하여 찾으려 하는 이들이 많다. 마치 내비게이션에 의존하듯이 그렇게 멘토가 자신의 인생길을 대신 찾아주기를 기대한다. 그가 제시한 길이 나보다는 나을 것이라는 환상을 갖고 멘토의 충고와 조언에 집착한다. 그러나 검증 안 되었거나 고장난 내비게이션은 의외로 많다. 잘못된 내비게이션의 인도로 오히려 길을 헤매어 본 이들이 적지 않다. 인생의 내비게이션이라는 멘토 역시 그러하다. 자신의 길은 자신만이 찾을 수 있다. 그래야 자신의 길이 된다.

인간은 자기 면역체계로 인해 스스로 치료하는 자기치료 능력이 있다. 상처가 나도 스스로 새 살이 돋는다. 감기도 그리 오래가지 않는다. 그러나 현대인들은 자기치료능력이 현격히 감소되었다. 아주 작은 병에 걸려도 병원에 가기 때문에 자기치료능력이 상실되었다. 치유의 영역도 마찬가지다. 조그만 마음의 번뇌와 고통도 이기지 못하고 멘토를 찾기에 스스로 치유할 수 있는 자기조절능력과 자기승화능력이 소멸되고 있다. 이른바 멘토병이 그것이다. '힐링'이라는 말을 남용하지 말아야 한다. 자신이 유약하고 멘탈이 부실한 존재라는 것을 공적으로 시인하는 것은 바람직하지 못하다. 우리가 왜 환자인가. 스스로를 누군가의 도움이 필요한 존재라고 비하하지 말자. 진정한 치유와 건강한 자기관리는 자신의 문제이다. 누구도 대신해 줄 수 없는 숙제이며 과제다. 멘토는 마치 항생제 같아서 쓰면 쓸수록 면역체계는 무너진다.

4. 타제석기와 마제석기

구석기와 신석기는 단지 재료의 구분이 아니다. 마인드의 문제다. 얻고자 하는 도구를 상상하고 그것을 노동을 통해 갈아내는 신석기의 마인드는 대상에 충격을 주어 의도하는 도구를 얻는 구석기의 마인드와는 질적인 차이가 있다. 구석기의 타제석기(뗀석기)는 우연에 의존하여 얻어진 도구다. 반면 신석기의 마제석기(간석기)는 상상이 노동을 통하여 현실화된 도구다. 도구의 차이는 인간의 지력과 품격의 차이를 결정한다. 우리는 혹 구석기인이 아닌지 반성해 보자. 우리의 삶을 우연과 운명에 맡기지는 않았는지, 자연히 어떻게 열려지겠지 하는 안일함으로 나의 미래를 대하는 건 아닌지 총체적으로 점검해 보자. 내 삶은 갈아야 만들어진다. 이상적 존재로서의 '나'와 현실의 존재로서의 '나' 사이의 괴리를 좁힐 수 있는 유일한 방법은 우연이 아니라 '노력'이다.

세잎클로버와 네잎클로버

세잎클로버는 행복을 상징하고 네잎클로버는 행운을 상징한다. 우리는 흔치 않는 네잎클로버를 찾으려고 노력한다. 그러나 네잎클로버를 찾는 과정에서 우리는 너무도 쉽게 세잎클로버를 밟는다. 행운을 찾으려고 행복을 밟는다. 이것은 아니다. 어쩌면 우리는 영원히 네잎클로버는 찾지 못하고 세잎클로버만 밟을지 모른다. 네잎클로버는 세잎클로버를 소중하게 가꾸는 이들에게 보이는 법이다. 행운은 행복의 결과임을 배워야 한다.

5. 결심중독(인생을 바꾸는 것은 결심이 아니라 습관이다)

많은 이들은 결심이 인생을 바꿀 수 있다고 착각한다. 물론 그러한 측면도 없지 않다. 그러나 대부분의 학자들은 결심의 효력에 대해 회의적이다. 감정놀음일 수 있기 때문이다. 하나의 결심을 지속시키기 위해서는 그것을 위한 다른 결심이 필요하다. 큰 결심을 수행하기 위해서는 그 보다 하위단계의 결심을 해야 하고, 그것은 또 다른 하위단계의 결심이 필요하다. 예를 들어 토익 고득점을 맞고자 결심하였으면 그것을 위해 하루에 몇 시간을 영어공부에 투자하겠다는 결심을 해야 하고, 그 결심을 지속시키려면 일찍 일어나겠다는 결심을 해야 한다. 또 그 결심을 지속하려면 친구들과의 술자리를 줄이겠다는 결심을 해야 한다. 즉 결심의 고리가 형성되어 있기에 여러 고리 중의 하나만 풀려도 큰 결심은 무너지게 된다. 결심이 삶을 바꾸기 힘든 이유이다. 그럼에도 불구하고 사람들은 끊임없이 결심한다. 결심을 통해 위로받고자 하기 때문이다. 결심중독자들은 자신의 지난 행동을 합리화하고 죄책감을 피하기 위해 습관적으로 결심한다(최창호, 2016). 이것은 일종의 자기기만이며 최면이다. 결심중독(resolution addiction syndrome)도 중독이기에 치유가 필요하다. 의지는 습관을 이길 수 없다. 결심하고자 한다면 좋은 습관을 만들자는 결심만이 유효하다.

6. Speed란 무엇인가(속도의 철학적 해석)

속도의 시대를 살고 있다. 속도의 미학이 추앙되는 시대다. 그러나 속도는 그 자체에 의미가 있는 것이 아니다. 속도란 단지 빠르고 느림의 문제가 아니다. 그것은 삶의 방향과 관련되어 있다. 진짜 중요한 것에 관심과 노력을 집중하는 것이 속도다. 거의 모든 이들이 저마다의 속도를 내지만 소수의 사람만이 인생에 유의미한 성공을 거둔다. 속도는 빠름이 아니라 방향이기 때문이다.

• Recognition

※ 이 장에서 배운 내용을 상기해 보겠습니다. 다음의 표에 배운 내용을 정리해 보세요.

긍정적인 경험이 중요한 이유는 무엇인가요?
'원인론'과 '목적론' 중에서 당신은 어느 쪽을 지지합니까? 또 그 이유는 무엇입니까?
나는 '나를' 얼마나 조절할 수 있나요? 옆 친구와 논의해봅시다.
나는 '타제석기'인가? '마제석기'인가?
좋은 습관을 형성하기 위한 방법을 찾아봅시다.
행복과 행운의 차이는 무엇이며, 우리는 무엇에 집중해야 하나요?

• Activities

오늘 하루의 목표를 설정해 봅시다.

※ 우리의 삶에서 목표설정은 무엇보다 중요합니다. 목표는 내가 실천할 수 있는 사항을 수치로 나타내는 것이 가장 좋아요. 오늘 하루의 목표를 설정해 보세요.

날짜: (　　)월 (　　)일			오늘의 목표
시 간	할 일	달성 여부	

자기관리를 위한 나의 다짐

※ 지금까지 여러분은 자기관리에 대한 개념과 필요성에 대해서 배웠습니다. 이제 결단의 시간입니다. 내 인생에서 무엇을 위해 살며, 어떻게 살 것인지를 작성해 보세요.

◆ Reflection

오늘 활동을 통해 어떤 것들을 느꼈나요? 다음 표에 작성해 보세요.

1. 오늘 배운 학습내용 및 활동은 무엇입니까?

2. 활동을 하면서 새롭게 느낀 점은 무엇입니까?

3. 기타 의견

CHAPTER 04

인간관계

QUESTION

1. 관계의 출발
2. 이름을 붙이다
3. I and Thou와 I and it
4. Gardner의 다중지능이론과 배려
5. 관계조망능력
6. 비폭력적 관계 구축

• Opening

인간관계를 잘 맺는 방법

> 삶에서 가장 중요한 것은 인간관계이며, 연구결과 47세 무렵까지 형성돼 있는 인간관계가 이후 생애를 결정하는 데 가장 중요한 변수였다.
>
> —1937년 하버드대생 2학년생 268명을 72년간 인생을 추적한 결과

1. 다른 사람들에게 순수한 관심을 기울여라.

   우리는 자기에게 관심을 갖는 사람에게 관심을 갖습니다.

2. 미소를 지어라.

   미소는 "나를 당신을 좋아해요. 당신은 나를 행복하게 만들어 줍니다. 뵙게 되어 반갑습니다"하고 말하는 것과 같습니다. 진심에서 우러나는 미소를 지으세요.

3. 이름을 잘 기억하라.

   이름은 개개인을 차별화시켜 주며, 많은 사람들 중에서 독특한 존재로 만들어 줍니다.

4. 경청하라.

   자신의 이야기를 열중해서 들어 주는 것과 같은 은근한 찬사에 저항하는 사람은 없습니다.

5. 상대방의 관심사에 대해 이야기하라.

6. 상대방으로 하여금 중요하다는 느낌이 들게 하라. 단, 성실한 태도로 해야 한다.

철학자들은 수천 년에 걸쳐 인간관계의 법칙을 연구해 왔는데, 그 가운데서 오직 한 가지 중요한 교훈을 발견했습니다. 공자, 석가모니, 예수도 공통적으로 이것을 가르쳤는데, 예수님은 이것을 한 가지 사상으로 요약했습니다.

남에게 대접받고자 하면 남을 대접하라.

• Explanation

관계란 사건이며 그 사건은 너를 인식하면서부터 시작되고 발전한다. 자기중심적인 유아기적 사고에서 해방되어 나와 대칭되는 너를 만나면서부터 비로소 인간이 된다. 생물학적 한계에 제한된 인간이 아니라 사회적, 도덕적 차원에서의 인간으로 거듭난다. 그래서 인간은 두 번 태어난다. 너를 알고 난 후가 두 번째의 탄생이며 그것이 곧 관계의 시작이다. 너를 안다는 것은 세상을 안다는 것의 다름 아니다. 세상은 너와 나로 구성되어 있으며 그 밖의 것은 무대의 설치물에 불과하다. 너를 알고 너를 부른다는 것은 나에 대한 근원적 물음이다. 안다는 것은 인식의 차원에서 머물지 않는다. 너를 안다는 것은 너를 통해서만이 나의 존재 의미가 드러나고, 나로 인하여서만이 네가 의미를 부여받을 수 있다는 것을 의미한다.

1. 관계의 출발(나를 묻는다)

말을 처음 배우는 아이들은 자기가 관계 맺는 모든 것에 대해서 “이건 뭐야”, “저건 뭐야?”하면서 끊임없이 물어본다. 이러한 질문은 주변세계에 대한 호기심의 표현이라고 말할 수 있겠지만, 그러한 호기심의 배경에는 “나는 뭐야?”라는 질문이 숨겨져 있다(김인회, 1997). 관계도 그러하다. 나와 관계 맺고 있는 이들은 나의 무의식 세계의 반영이다. 지금 나와 관계 맺고 있는 이들을 보면 지금의 ‘나’의 모습을 알 수 있다. 인간은 관계를 통해 자신을 형성하고 드러내는 법이기 때문이다.

2. 이름을 붙이다(너를 묻는다)

꽃과 잡초와의 차이는 무엇인가? 이름이 있는 것과 이름이 없는 것의 차이다. 이름이 있다 하더라도 이름을 모르면 나에게는 잡초다. 이름을 붙이는 것은 대상과 관계 맺는 방식이다. 대상에게 이름을 붙이고 명명하는 행위는 그것과 관계하겠다는 의지의 표현이며 그 대상에 의미를 부여하는 것이다. 객관적으로 인식되는 ‘너’란 존재하지 않는다. 관계의 정식으로서의 ‘너’만이 의미 있을 뿐이다. 나와 대칭되는 건너편의 너만이 진정한 너가 된다. 모든 이름에는 그 이름의 명명자의 관심과 사랑이 투사되어 있다. 꽃이름에 꽃말이 있듯이 모든 이름에는 그 안에 사랑과 관심과 상징과 기대와 언약이 함축되어 있다. 그의 이름을 부른다는 것은 그와 관계를 맺고자 하는 것이다. 그러면 그는 내게 의미가 된다. 그것은 그에게도 나에게도 사건이 된다.

〈꽃〉

김춘수

내가 그의 이름을 불러주기 전에는
그는 다만
하나의 몸짓에 지나지 않았다.

내가 그의 이름을 불러주었을 때
그는 나에게로 와서
꽃이 되었다.

내가 그의 이름을 불러준 것처럼
나의 이 빛깔과 향기에 알맞은
누가 나의 이름을 불러다오.

그에게로 가서 나도
그의 꽃이 되고 싶다.

우리들은 모두
무엇이 되고 싶다.
나는 너에게 너는 나에게
잊히지 않는 하나의 눈짓이 되고 싶다.

3. I and Thou와 I and it

관계에는 두 가지 정식이 있다. 만남의 실존 철학자 M. Buber는 관계를 '나와 너', '나와 그것'으로 구분한다(Ich und Du., 표재명 역, 2014). 나와 너는 인격적 관계이다. 여기서 나와 너는 대칭된다. 나의 자리에 네가 있든 너의 자리에 내가 있든 무게 중심은 똑같다. 그러나 나와 그것은 다르다. 내가 그것이 될 수 없고 그것이 내가 될 수 없다. 나와 그것의 관계는 소유관계이다.

상대를 You로 보는 것이 아니라 it으로 보는 것이다. It은 나의 필요 여하에 의해 이용되고 분석되고 처리되는 존재이다. 그것은 관계가 아니다. 불행히도 현대인의 관계정식은 I and it의 내용으로 구성되어 있다. 상대를 You로 보는 것이 아니라 it으로 보는 것이다. 상대에 대한 이용적 관심에 기초한 관계 맺기는 서로를 비인간화한다.

4. Gardner의 다중지능이론(multiple intelligence)과 배려

종래의 지능이론은 타인에 대한 배려와 이해를 지능의 범주 안에 포함시키지 않았다. 그것은 정의적 차원의 문제이지 지적 차원은 아니라는 것이 그 이유다. 그러나 최근 심리학은 지적 차원과 정의적 차원의 분리가 두부 자르듯 분명할 수 없음을 보고하고 있다. 즉 가슴은 머리와 분리되어 있지 않고 연결되어 있다는 것이다. 지적 영역과 정의적 영역은 상당한 관계가 있다. 지능이론의 최고 권위자인 하버드대학의 H. Gardner(문용린 외 역, 2007)는 정의적 차원을 지적 차원에까지 확대 해석하여 지능이론을 구성했다. 배려와 이해는 지적 차원이라는 것이다. 가드너에 의하면 남을 배려하지 못하는 것은 마음이 옹색한 것이 아니라 지적 차원의 결핍이다.

5. 관계조망능력

두 사람이 서로 다른 곳을 바라보고 있다. 한 사람은 밖의 경치를 보고 감탄한다. 다른 한 사람은 전혀 동의하지 못한다. 왜 그럴까? 서로가 바라보는 풍경이 다르기 때문이다. 자신이 앉은 자리에서의 풍경을 절대화하면 소통은 불가능하고 관계는 깨어진다. 이해란 under(아래에) stand(서다)해야만 가능하다.

상대의 입장에 서 보지 않는 피상적 접근의 이해로는 관계의 새로운 지평은 불가능하다. 앉은 자리를 바꾸지 않고는 새로운 풍경을 볼 수 없다. 나의 입장에서만이 아닌 건너편의 입장도 헤아려 볼 수 있는 능력이 관계조망능력이다.

〈키〉

유안진

부끄럽게도 여태껏 나는
자신만을 위하여 울어왔습니다

아직도 가장 아픈 속 울음은
언제나 나 자신을 위하여
터져 나오니
얼마나 더 나이 먹어야
마음이 자라고
마음의 키가 얼마나 자라야
남의 몫도 울게 될까요

어느 결혼식의 주례사

옛날에 호랑이와 소가 서로 사랑을 했습니다. 서로 뜨겁게 사랑했고 간절히 원했기에 결혼했습니다. 그들은 너무 사랑했기에 서로에게 최선을 다했습니다. 그래서 소는 아침마다 가장 정결한 풀을 뜯어서 호랑이에게 바쳤습니다. 호랑이 역시 가장 신선한 고기를 사냥해서 소에게 바쳤습니다. 그들은 마침내 이혼하게 되었습니다. 사랑이 식었기 때문일까요? 아닙니다. 내 관점에서의 사랑은 상대에게는 고통일 수 있습니다. 고통이었을 겁니다. 소에게 고기를, 호랑이에게 풀을 주었으니 얼마나 고통이었을까요. 사랑은 내 관점에서의 뜨거움이 아닙니다. 사랑이란 그를 온전히 아는 것입니다.

필자의 주례사

6. 비폭력적 관계 구축

C. Gilligan에 의하면 도덕적 성숙의 최종 단계는 비폭력적 관계의 차원이다. 자신에 대한 배려와 타인에 대한 배려의 충돌을 해결하는데 비폭력적 원리를 추구한다. 1단계의 도덕적 수준이 자기중심의 생각과 결정으로 타인에 대한 폭력이라는 결과를 초래했다면, 2단계의 도덕적 수준은 거꾸로 타인에 대한 배려의 윤리로 무장한다. 타인을 위한 자기희생을 미덕이라고 판단하여 자기 자신에 대한 폭력을 정당화하고 미화한다. 그러나 관계의 건강성은 누군가의 희생을 요구해서는 안 되며 요구받아서도 안 된다. 3단계의 도덕적 수준은 자신과 상대를 힘께 배려한 차원이다. 즉 어느 누구도 희생하지 않는 비폭력적 관계의 단계다. 다음의 이야기는 각 수준을 이해하는 좋은 예이다.

임신중절의 딜레마

남자친구와 사랑에 빠져서 준비 안 된 임신을 한 여고생의 심리과정이다. 1단계, 자기만을 위해 중절하려고 결심한다. 지금 아이를 낳으면 자신의 미래가 어두워질 것이라는 생각, 그 자신만을 위한 배려가 그를 추동한다. 2단계, 자신은 희생할 각오가 되어 있지만 남자친구나 부모님 등 타인을 배려하여 중절하려고 결심한다. 즉 타인에 대한 배려가 그를 추동한다. 3단계, 자신과 상대의 입장을 모두 고려하여 중절을 결심한다. 자신을 생각해서도 상대를 생각해서도 그리고 아이를 생각해서도, 즉 모두의 형편을 고려해봤을 때 지금 아이를 낳는 것은 바람직하지 않다고 결심한다. 3단계의 결심은 자신과 상대 모두를 배려한 결정이다. 이처럼 중절이라는 결론은 같아도 각각의 단계의 마음 상태는 완전히 다르다. 1단계는 오로지 자신만을 위한 결단, 2단계는 거꾸로 상대만을 배려한 결단, 그러나 3단계는 자신과 상대 모두를 위한 결단이다. 결론은 같지만 마음을 추동하는 배려의 차원은 다르다. 누군가의 희생이나 폭력이 없는 상태의 배려가 진정한 배려다.

〈관계의 4형식〉

- I am OK. You are not OK.
- I am not OK. You are not OK.
- I am not OK. You are OK.
- I am OK. You are OK.

• Recognition

※ 이 장에서 배운 내용을 상기해 보겠습니다. 다음의 표에 배운 내용을 정리해 보세요.

'관계'의 철학적 의미는 무엇입니까?
'이름을 붙인다'는 것은 과연 무엇을 의미합니까?
'I and Thou'와 'I and It'의 관계를 구별해 보세요.
Gardner의 다중지능이론을 찾아 설명해 보세요.
'관계조망능력'이란 무엇을 의미합니까?
'Gilligan의 도덕적 성숙의 3단계'를 정리해 보세요.

• Activities

나의 인간관계 점수는?

여러분 주변의 10명의 사람들과의 인간관계를 점수로 나타내 보세요. 점수는 냉정하게 평가해서 작성될 수 있도록 하시고, 충분한 시간을 들여서 생각해 볼 수 있도록 합니다.

이름	점수									
	1	2	3	4	5	6	7	8	9	10
여동생				○						

• Reflection

오늘 활동을 통해 어떤 것들을 느꼈나요? 다음 표에 작성해 보세요.

1. 오늘 배운 학습내용 및 활동은 무엇입니까?

2. 활동을 하면서 새롭게 느낀 점은 무엇입니까?

3. 기타 의견

CHAPTER 05

리더십

QUESTION

1. 자질론
2. 상황론
3. 알파신드롬
4. 소금의 리더십
5. 서번트 리더십
6. 셀프 리더십
7. 우리는 왜 알파리더를 원하는가

• Opening

리더십의 정의

1. 집단의 활동을 하나의 공동 목표를 향해 이끌어 나가는 한 개인의 행동이다(Hemphill & Coons, 1957).
2. 리더십이란 사람을 이끄는 기술이며, 따르게 하는 기술이다.
3. 리더십은 "공동의 최선을 위해 설정된 목표를 향해 매진할 수 있도록 사람들에게 영향력을 발휘하는 기술인 동시에 사람들의 신뢰를 형성하는 인격" 이외에도 수백여 가지의 리더십에 대한 정의들이 있다. 이와 같은 정의와 상관없이 변화하는 시대에 국가, 기업에서는 '기본적인 인성과 성품, 대인관계 역량, 팀워크와 조직력, 커뮤니케이션 역량, 창의력, 긍정적 사고력, 도전적/혁신적 자세 등을 갖춘 인재'를 간절히 원하고 있다.

여러분이 생각하는 리더십이란 무엇인가요?

※ 여러분이 생각하는 리더십이란 무엇인지 간략하게 기술하고, 옆에 있는 친구들과 리디십에 대하여 나누이 봅시다.

• Explanation

리더는 타고나는 것인가, 길러지는 것인가? 대부분의 사람들은 리더는 선천적인 특성과 지도력을 가지고 태어난다고 믿고 있다. 근거 없는 주장 같아 보이지 않는다. 실제로 리더에 의해 순응되고 길들여진 사람들은 그 말에 깊게 동의 한다. 자신의 삶을 리더에게 위탁하려는 노예적 근성은 정도의 차이가 있지만 모두에게 있다. 그러한 공통분모로 인해 우리는 리더의 선천성을 암묵적으로 인정한다. 그러나 최근 일반적인 생각과는 상반된 리더와 리더십에 관한 연구와 해석이 나오고 있다. 그것은 리더십은 타고난 선천적 기질에 전적으로 의존하는 것이 아니라는 견해다. 리더와 리더십에 관한 다양한 입장과 그 철학을 고찰해 보자

1. 자질론

사람들은 리더는 타고나는 것으로 믿고 있다. 자질론이 그것이다. 이 이론에 따르면 지도자로서의 어떤 특성과 자질을 가진 이는 시간과 공간을 초월하여 지도자가 될 수 있다는 것이다. 대부분의 역사적 영웅이나 카리스마적 지도자들을 보면 이러한 가정도 무리는 아니다. 지도자는 하늘이 내려야 한다는 사람들의 인식은 경험이 누적된 표현임은 분명하다. 그러나 그러한 믿음은 어쩌면 신화일지 모른다. 리더십 연구의 대가인 Jennings에 의하면 리더십에 관한 오랜 연구에도 불구하고, 선천적으로 타고난 리더의 조건과 리더로서의 독특성을 인정할 만한 점들을 찾을 수 없다고 보고하고 있다(K. Jennings, 조천제 역, 2004). 수많은 학자들도 리더로서의 정신적 카리스마나 육체적 강인함과 같은 특별한 것이 선천적으로 주어지는 가에 대한 연구를

하였지만, 결과는 그러한 차별적 요소를 찾는데 실패하였다. 그렇다면 리더는 어떻게 나오는가?

2. 상황론

자질론에 대한 비판은 그들 이론이 본질적으로 지도자의 리더십이 행해지고 있는 시간과 장소, 그리고 조직이나 집단의 성격 등이 고려되지 않고 있다는 것이다. 지도자의 리더십은 분명히 특정한 장소의 특정한 조직과 집단 속의 특정한 과업이나 업무와 관련해서 발휘되는 것으로 보아야 한다. 최근의 리더십에 관한 많은 연구는 지도자가 리더십을 행사하는 상황적 측면을 검토하고 입증하는데 힘쓰고 있다. 이러한 접근방법의 변화는 과거의 개인적 지도자로서의 엘리트 개념을 부정하게 된다. 리더는 한 개인의 고유한 특성이 아니라 시대적, 상황적 산물이라는 것이다. 리더십과 상관관계 또는 함수관계를 갖는 상황적 요소로는 문화적 환경, 개인 간의 차이, 조직의 특성, 직무의 특성, 조직이나 집단의 역사 등이 있다.

3. 알파신드롬

K. Ludeman과 E. Erlandson(안진환 역, 2007)의 알파형 인간에 대한 연구는 리더십의 고전이 된 지 오래다. 알파는 그리스 자모의 첫째 글자로서, 모든 것의 가장 첫 번째를 가리킨다. 별 중에서도 가장 밝은 별을 알파별이라고 부른다. 동물연구자들은 지배력을 뜻하는 말로 알파라는 말을 사용하는데, 흔히 동물 집단에서 가장 힘 있고 영향력 있는 리더를 일컫는다(안진환 역, 2007). 인간 세계에도 알파가 존재한다. 우리는 그들을 알파형 리더라고

부른다. 용감한 지도력, 목표 지향적 의지력, 확고한 책임감, 대중의 장악력 등을 갖고 있는 알파형 리더를 통해 세상은 바뀌어 왔고 지금도 세상은 그들을 요청한다. 그러나 명과 암은 동시에 존재한다. 산이 높으면 골도 깊은 법이다. 알파형 리더들이 자신의 장점을 인식하지 못하거나 통제하지 못한 경우 그들은 자신이 지닌 생산적 에너지의 가치를 떨어뜨릴 뿐 아니라 조직의 균형과 발전을 저해한다. 이들은 목표를 위해서라면 무엇이든 할 수 있고 해야 한다는 믿음을 갖고 있다. 그 결과 그들은 존경 대신 분노를, 신뢰 대신 두려움을 불러일으키며 마침내 동료들의 인생까지 비참하게 만든다. 성취 지향적이고 도전적인 알파형 리더들이 자신이 지닌 강점을 오히려 약점으로 변질시켜 재앙이 되는 위험한 상황을 알파신드롬이라고 한다(안진환 역, 2007).

"우리가 가진 장점에 지나치게 의존한 나머지 적절치 않은 상황에서조차 이를 무리하게 사용한다면, 장점이 오히려 약점이 될 수 있다." R. Farson의 경고다(R. Farson, 손근상 역, 1997). 예를 들어 끈기가 장점인 사람은 지나치게 완고한 사람이 될 수 있고, 명석한 분석가는 자기 꾀에 넘어갈 수 있다. 불교에서는 이것을 근적(近敵)이라고 부른다(안진환 역, 2007). 근적이란 불교의 수행 용어로서 자기 안의 적들을 말한다. 사실 알파형 리더들은 다른 사람의 과오와 결함을 파악하는 데 익숙하다. 그러나 정작 자기 안의 한계들은 인정하지 않고 고치려하지 않는다. 성공한 이들의 특징이기도 하다. 산이 높으면 골도 깊다. 장점이 크면 클수록 그것이 단점으로 분출될 가능성도 높다는 뜻이다. 바로 이러한 과오가 훌륭한 알파형 리더에게 흔히 발생하며, 그들이 가진 지나친 영향력 때문에 자신은 물론 그를 따르는 구성원들까지 파멸을 초래할 수도 있는 것이다. 리더의 열정과 기질이 오히려 해가 될 수 있다. 선과 악은 종이 한 장 차이에 불과하다.

알파형 리더들은 주위의 비판을 수용하지 않는다. 그들은 자신의 일을 언제든 정당화하며 자신들은 모든 사람들을 좀 더 효율적으로 만들기 위해 자신이 꼭 필요한 일을 하고 있을 뿐이라고 생각한다. 그들은 대중의 지혜를 근본적으로 부정한다. 그들의 시각은 수직적인 것에 고정되어 있다. 알파형 리더들은 수평적 관계와 민주적 절차에 의해 도출된 의견을 신뢰하지 않는다.

4. 소금의 리더십

알파형 리더 과잉의 시대에 살고 있다. 리더의 부재로 인한 혼란보다 리더의 과잉으로 인한 상처가 더 깊다. 새로운 차원의 리더십이 요구된다. 소금의 리더십이 그것이다. 우리는 간이 알맞게 배인 음식을 먹을 때 소금의 존재를 느끼지 못한다. 짜거나 싱거울 때야 비로소 소금의 과잉과 부재를 느낀다. 소금이 적절할 때는 소금의 존재를 느끼지 못하는 법이다. 진정한 리더는 이와 같다. 평소엔 그를 의식하지 못하지만 막상 그가 없으면 조직의 간이 맞지 않는, 즉 조직의 생명력이 쇠해지는 존재, 반대로 그가 스며듦으로 인해 조직의 역동성이 살아나는 그런 존재가 소금의 리더십을 가진 존재다. 이것은 기존의 리더십의 가장 큰 덕목인 카리스마와는 본질적으로 다른 희생과 겸양의 리더십이다. 카리스마란 누군가의 희생을 전제한다. 사람의 마음을 강하게 휘어잡으려면 희생양이 필요하다. 그 희생양을 단호하게 처리하는 리더의 결단을 보고 대중들은 두려움과 신뢰를 동시에 느낀다. 마키아벨리즘이 바로 그것이다. 그러나 그러한 리더십은 일시적으로 대중을 하나의 목표로 결속하게 만드는 데는 유효하지만 대중을 정신적 식민지화할 수 있는 위험이 있다는 점에서 바람직한 리더십은 아니다. 반면 조직에 꼭 필요한 존재이지만 대중이 그의 존재를 차마 의식하지도 못하는, 대중 속에 철저히 녹아든 그런 존재가 소금의 리더십을 가진 리더이다. 같은 맥락으로 서번트 리더십이 있다.

5. 서번트 리더십

이심전심의 삶의 철학을 일상에서 구현하기는 쉽지 않다. 더욱이 위계질서가 분명한 조직 분위기에서 상대방의 마음을 읽어내는 수고는 너무 한가하거나 심지어 사치스러워 보일 수 있다. 위계적 차원의 명령이 더 신속하고 명확한 결과를 얻을 수 있기 때문이다. 그러나 경직된 조직에서 조차도 상대의 상황이 고려되지 않는 명령과 주문은 오히려 생산성의 저하 및 조직의 전체적인 사기저하를 가져온다는 것은 이미 상식이 되었다. 위계질서에서 비롯된 명령의 생산성은 한계에 이르렀다. 다른 차원의 조직문화가 요구되고 있다. 이른바 섬김의 리더십에 근거한 배려의 문화가 그것이다. 섬김이란 추상적이지 않고 지극히 현실적이고 단순하다. 성서의 교훈 중 가장 핵심적인 말씀인 황금률도 인간관계의 원초적 질서인 섬김에 관한 것이다. "남에게 대접을 받고자 하는 대로 너희도 남을 대접하라(누가복음 6:31)."

서번트 리더십은 상대가 지금 처한 상황을 정확히 읽어 내는 것에서부터 시작한다. 그가 무엇이 필요하고 무엇을 고민하는지 상대에 대한 성실한 독해력에 기초한 제안은 우리가 상상할 수 없는 만큼의 긍정적 결과를 가져온다. 섬김의 효과는 기대 이상으로 크다. 더욱이 4차 산업하의 조직문화는 서번트 리더십의 의사결정 구조를 갖고 있다는 것에 주목해야 한다. 리더십 철학의 혁명적인 전환이 필요하다.

일하기 가장 좋은 포춘 100대 기업의 3분의 1이상이 서번트 리더십을 회사의 중요한 경영 이념과 철학으로 공식화시켜 놓고 있다. 이러한 기업들은 조직의 리더들이 서번트 정신을 발휘할 때에만 구성원들의 잠재력을 집결시켜 조직의 성과를 과거보다 몇 배 더 창출할 수 있다고 믿는다. 이미 리더십의 소리 없는 혁명은 시작되었다(강정애·태정원, 2016).

6. 셀프 리더십

타율에 의한 구성원의 변화는 생명력이 짧고 그 효과도 크지 않다. 궁극적인 모범답안이 되지 못하기 때문이다. 외부의 카리스마적 힘에 이끌린 집중력은 항구적 영향력을 갖지 못한다는 이유에서 구성원 각자의 자발적인 변화와 갱신이 요구받게 되었다. 때마침 사회적 인지이론과 내재적 동기이론에 고무된 자기 각성의 목소리가 높아졌다. 이에 부응하여 1980년대 이후 조직 환경의 급속한 변화와 개인의 가치관 변화에 힘입어 전통적 리더십에 의해서는 조직목표를 달성할 수 없다는 위기가 고조되면서 C. Manz가 최초로 제안한 개념이 셀프 리더십이다(강정애·태정원, 2016 재인용). 생산성과 효율성의 정체현상에 직면하게 된 상황에서 그것에 대한 돌파구로서 조직의 혁신적 변화를 모색할 수밖에 없는 상황에 이르게 된 것이다. 그 결과 인간은 자율적 규제와 자기관리를 통해서만이 진정한 자아실현을 경험할 수 있고, 그것이 개인과 조직의 진정한 경쟁력임을 알게 되었다. 즉 자아실현에 기초하지 못한 타율적 규제와 수직적 명령체계로는 새로운 환경에 부적합하다는 판단에 이른 것이다. 셀프 리더십은 구성원 스스로 자기를 제어하는 자기 통제의 리더십이다. 즉 조직이 부여하는 목표와 성과 보상 등의 요소를 구성원이 자율적으로 설정하고 자기평가에 따라 반응한다. 평가 역시 조직의 평가보다 구성원 스스로가 내리는 평가를 더 중요시한다. 요약하면 구성원의 자아를 중요시하고, 자기통제 시스템을 신뢰하는 것이 셀프 리더십이다.

7. 우리는 왜 알파리더를 원하는가(자유로부터의 도피)

새장 속에 갇혀 있는 새를 생각해 보자. 만약 그 새가 생각할 수 있다면 "나도 저 하늘을 마음껏 날고 싶다"고 희망할 것이다. 매일 갇혀 지내는 자신의 모습이 한심하고 답답해 보일 것이다. 갇힌 새를 풀어준다고 가정해 보자. 마음껏 날아다닐 수 있으니 얼마나 행복할까. 얼마나 자유로울까. 그러나 그것은 잠깐의 행복일 뿐 현실은 냉혹하다. 배는 고픈데 먹을 것이 없다. 마실 물도 없다. 어디에서 먹이를 구해야 할지 방법도 모른다. 더구나 잠깐만이라도 방심하면 순식간에 독수리나 매가 와서 생명을 위협하기도 한다. 이 곤혹스러운 상황을 어찌할 것인가. 분명 옛날을 그리워할 것이다. 새장 속에 갇혀있을 땐 비록 자유는 없어도 때가 되면 밥이 나오고 언제든 필요한 물을 마실 수 있으며, 더구나 생명의 위험은 전혀 없었다. 새는 자유를 얻는 대신 치러야 할 대가가 너무 크다는 것을 알게 된다. 자유를 자율적으로 운영해 본 적이 없는 새는 다시 그 옛날을 그리워하게 된다. 자유가 부담스러워진다. 자유로부터 도피하고 싶다.

E. Fromm의 '자유로부터의 도피'를 이야기로 재구성해 보았다. 우리 인간이 이야기 속의 새와 같다. 타율적 지배의 삶에 익숙한 인간은 자율적 판단과 그에 따른 책임을 두려워한다. 어떤 강력한 리더가 자신의 삶을 이끌어 주기를 바란다. 비록 그에게 구속되는 불편함은 있지만 그러나 그것을 감수하고서라도 자신의 삶을 위탁하며 얻어지는 편리함과 안정감이 더 크기에 그것을 선택한다. 즉 노예의 길을 스스로 선택함으로써 자유로부터 오는 책임과 불확실성에서 벗어나고자 한다. 이것이 우리가 리더를 간절히 원하는 이유이며 자기 삶의 셀프 리더가 되지 못하는 이유이다.

• Recognition

※ 이 장에서 배운 내용을 상기해 보겠습니다. 다음의 표에 배운 내용을 정리해 보세요.

'리더'는 타고나는 것일까요, 만들어지는 것일까요?
리더십에 대한 '상황'의 역할은 무엇일까요?
'알파' 신드롬이. 무엇인가요?
'알파형 인간'의 특징을 설명해 보세요.
'소금의 리더십'이란 무엇인가요?
'서번트 리더십'을 내 생활에 적용할 수 있는 방법을 친구와 상의해 보세요.

• Activities

나의 리더십 강점 DNA

다음의 보기 중에서 나를 표현할 수 있는 단어나 내가 다른 사람들 보다 강한 강점을 세 가지 택하세요. 그리고 내가 왜 이것을 선택했는지를 친구들에게 설명해 보세요.

- 솔선수범
- 책임감
- 정직/성실
- 절제/인내
- 소신/용기
- 부단한 학습
- 팀워크 활성화
- 따뜻한 카리스마
- 경청
- 배려
- 칭찬/격려
- 대인이해
- 인간관계
- 겸손/온유
- 다양성 존중
- 고객지향성
- 경영마인드
- 미션 인식
- 비전 수립/공유
- 명확한 지시
- 실천력
- 탁월한 업무지식
- 풍부한 경험/경력
- 전문성
- 커뮤니케이션 능력
- 갈등관리
- 의견수용력
- 미래 통찰력
- 조직장악능력(非권위적)
- 성과 관리
- 고객지향성회의 운영능력
- 문제파악능력/해결능력
- 협상력
- 데이터 수집/분석능력
- 문제해결능력
- 결단력
- 인재육성
- 코칭
- 공정한 평가/보상
- 상상력/창의성
- 개방 마인드/혁신성
- 긍정적 사고방식
- 도전정신
- 진취성
- 열정

로건 테스트

아홉 살의 로건은 삼촌 댁에서 일주일간의 방학을 보내면서 아침 일찍 일어나기 위해 자명종을 맞춰 두었다. 그러나 그와 상관없이 삼촌이 조심스럽게 계단을 내려가는 소리가 들리면 로건은 그때가 몇 시든-새벽 다섯 시든, 다섯 시 반이든-침대에서 벌떡 일어났다. 그날 하루 일과 중 단 1초도 놓치고 싶지 않았기 때문이다. 로건이 잠을 자는 동안 조용히 일을 하려고 했던 삼촌은 로건이 일어난 것을 보고 깜짝 놀랐다(아이 어머니의 말로는 로건이 보통 아침 일곱 시 반이나 여덟 시에 일어난다고 했기 때문이다). 하지만 로건은 매일 삼촌이 일어나는 시간에 맞춰 일어나 하루를 맞이하기 위해 부지런을 떨었다.

여러분이 끓는 물의 개구리 신세[1)]인지 아닌지를 알 수 있는 간단한 방법이 있는데 그것은 바로 '로건 테스트'를 해보는 것이다. 당신이 요즘 어떻게 행동하는지에 대한 몇 가지 질문에 답을 하고 그것을 과거의 자신과 비교해 보라. 당신은 매일 아침 불필요하게 잠자리에서 게으름을 피우지 않고 설레는 마음을 안고 일어나 하루를 맞이하는가? 당신은 예전만큼 많이 웃는가? 당신의 생활에는 예전만큼 즐거운 일들이 많은가? 만약 당신이 자신의 일과 인간관계와 삶 전반에서 미래에 대한 힘과 희망을 느끼지 못한다면 그것은 당신이 자신의 현실적 자아를 놓쳤으며 그것을 파악해야 할 필요가 있음을 뜻한다. 자신에게 물어 보라.

출처: 다니엘 골먼(2003), 감성의 리더십, 서울: 청림출판사

1) 끓는 물속에 집어넣은 개구리는 본능적으로 거기서 빠져나오려고 버둥거린다. 그러나 개구리를 우선 찬물에 넣은 다음 서서히 수온을 올리면 개구리는 물이 뜨거워지는 것을 알아차리지 못한다. 개구리는 물이 끓을 때까지 아무런 저항도 하지 않고 결국 끓는 물에 익어버리고 만다. 그렇게 뜨거운 물에 들어있는 개구리의 운명은 판에 박힌 일상을 되풀이하거나 혼자만 편하자고 그것을 관례로 만들어 타성화시킨 리더의 모습과 그리 다르지 않다.

◆ Reflection

오늘 활동을 통해 어떤 것들을 느꼈나요? 다음 표에 작성해 보세요.

1. 오늘 배운 학습내용 및 활동은 무엇입니까?
2. 활동을 하면서 새롭게 느낀 점은 무엇입니까?
3. 기타 의견

CHAPTER 06

진로선택

QUESTION

1. 카이로스와 클로노스
2. 선택이란 무엇인가
3. Calling과 Occupation
4. 직업선택과 주관적 안녕
5. 내재적 가치와 실용적 가치
6. 직업과 사회적 역할

• Opening

진로선택 절차

직업 찾기

진로를 선택하기 위해 가장 먼저 실시되어야 하는 것이 바로 직업을 찾는 것입니다. 진로는 자신의 적성과 자신의 비전을 토대로 자신의 직업을 결정합니다. 이러한 진로설정 및 직업 찾기에 도움을 주기 위해 다양한 검사를 활용할 수 있습니다.

⬇

취업 희망 기업 찾기

선택한 직업 분야에서 가고 싶은 기업을 탐색합니다. 단순히 기업의 명성 때문에 신청하지 말고, 그 기업에서 내가 할 수 있는 일, 나의 비전을 실현할 수 있는가를 고려하여 기업을 선택하고 리스트를 만듭니다. 그리고 해당 기업에 대한 문화와 취업 정보 등 구체적인 정보를 수집합니다.

⬇

취업 역량 파악

선정한 직업과 기업에서 전문가가 되기 위해 필요한 역량을 파악합니다. 교과과정 로드맵 작성, 교수님과 인터뷰, 선배 및 현장 전문가와 인터뷰 등을 통해 요구되는 취업 역량을 파악할 수 있습니다.

⬇

취업 역량 함양 및 증명

재학 기간 동안 확인된 진로와 취업에 도움을 줄 수 있는 활동을 수행합니다. 나의 역량을 증명할 수 있는 다양한 증거들을 기록합니다.
-자격증, 공모전 수상, 외국어(영어) 시험 점수, 인턴 및 해외 연수 경험 등

⬇

자기소개서와 이력서

희망 회사에 제출할 자기소개서와 이력서를 작성합니다. 현재 시점의 이력서와 미래 이력서를 작성해 봅니다.

직업찾기

◆ 취업관련 웹사이트 주소록

다음의 사이트를 참고해서 직업에 대한 정보를 충분히 수집하시기 바랍니다.

사이트 명	사이트 주소	비고
고용노동부	www.work.go.kr	
한국산업인력공단	www.hrdkorea.or.kr	
대한상공회의소	www.korcham.net	
한국고용정보원	www.keris.or.kr	
한국직업정보시스템	know.work.go.kr	
중소기업청	www.smba.go.kr	
코잡	www.cojob.net	
사람인	www.saramin.co.kr	
커리어넷	www.careernet.re.kr	
헬로잡	www.hellojob.co.kr	
잡코리아	www.jobkorea.co.kr	
스카우트	www.scout.co.kr	
인크루트	www.incruit.com	
다음취업	www.daum.net	
한경리크루트	www.hkrecruit.co.kr	
휴먼피아	www.humanpia.com	
엘리트코리아	www.elitekorea.com	
잡월드	www.jbkcsjob.co.kr	
한국인재연구원	www.iplan.com	

• Explanation

Freud는 인생에서 가장 의미있는 두 가지 활동을 일(work)과 사랑(love)이라고 보았다. 인간이 무엇엔가 몰입할 때만큼 아름다운 때는 없다. 누구든 몰입한 순간에는 행복하다. 예술가들이 고통스러운 창작활동을 감내해 내는 것도 이 때문이다. 인간은 일을 통해 자신을 성숙시키고 확장해 간다. 몰입의 행복과 성취의 기쁨으로 인해 인간은 이전과는 다른 차원으로 거듭난다. 이것이 진정한 일(work)이다. 따라서 직업이 없다는 것은 경제적 결핍에 노출되는 단순한 차원을 넘어 인생의 '행복과 의미'라는 심연적 차원의 결손을 의미한다. 의미 있는 일을 통해 삶을 건강하게 만드는 첫 단추인 진로선택을 고민해 본다.

1. 카이로스와 클로노스

서구 문화의 원류인 헬레니즘적 사고에 기초한 시간 개념은 서구의 실존철학에 지대한 영향을 주었다. 시간에 대한 이해는 인간에 대한 이해의 다름 아니다. 시간 속에 살고 있는 인간은 그 시간을 어떻게 경험하고 있는가에 따라 사고의 질과 방향이 결정되기 때문이다.

헬레니즘적 사고는 시간을 클로노스(물리적 시간)와 카이로스(결단의 시간)로 구분하여 이해한다. 클로노스는 보통 우리가 알고 있는 시간 개념과 같다. 봄이 가면 여름이 오고, 올해가 지나면 내년이 온다. 그러나 카이로스는 물리적 때가 아니라 결단의 시간을 의미한다. 우리는 스스로 "때가 되었다", "이럴 때가 아니다"라는 말을 하곤 한다. 그것은 물리적 시간을 의미하는 것이 아니다. 삶의 질적인 변화의 도래를 감지하고, 그것을 결단하는 의지를 의미한다. 물론 카이로스와 클로로스는 분리되지 않는다. 카이로스는 클로노스라는 배경과 무대 위에서 이루어지는 인간의 주관적 시간체험이기 때문이다. 자신의 앞날을 고민하고 진로를 결정해야 하는 이들은 객관적 시간의 흐름에 대한 분명한 인식과 동시에 그 속에서의 삶의 위기와 긴장을 함께 느껴야 한다. 선택은 그러한 인식에 기초해야 한다.

2. 선택이란 무엇인가

선택이란 단순히 고르는 행위가 아니다. 선택의 반대는 배제이다. 선택이라는 것은 버린다는 것과 같은 뜻이다. 무엇을 선택한다는 것은 그 외의 모든 것은 버린다는 의미이다. 볼록은 오목으로 인해 더욱 볼록해진다. 젊은 날 자신의 삶을 결정지을 진로에 대한 선택은 신중하기도 해야 하지만 그것 못지않게 결단 역시 중요하다. 선택과 집중이 필요하다. 지금 나의 목표에 걸림돌이 되는 무가치한 것들을 내 삶에서 철저히 배제시켜 나가야 한다.

3. Calling과 Occupation

직업에는 두 차원이 있다. Calling과 Occupation이 그것이다. Calling은 글자 그대로 부르심 즉 소명으로서의 직업이다. Occupation은 공간적 점유의 의미로서의 직업을 의미한다. 직업에 대한 이해는 삶의 행복 및 건강성과 관련된 것이기에 중요하다. 직업을 소명으로 보느냐 점유로 보느냐는 직업 윤리의 문제임과 동시에 자신의 행복과 직결된 문제다(M. Weber, 김성수 역, 1988). 직업은 단지 경제적 도구와 수단이라는 차원으로만 접근해서는 안 된다. 인간은 노동을 통해 자기를 실현할 뿐 아니라 자신을 확장해 나간다. 따라서 행복이 결여된 노동은 그 자체가 고역이며 형벌이다. 단지 먹고 살기 위해 일정시간에 자리만을 '점유'한다고 생각한다면, 얼마나 고통스럽겠는가. 그러나 거꾸로 신이 내게 이 자리를 맡겨주었다고 생각한다면, 즉 직업에 대한 소명의식이 있으면 얼마나 의미있겠는가. 노동은 그 자체가 즐겁거나 고역스러운 것이 아니라, 자기 일에 대한 해석과 의미 부여에 의해 가치가 달라지는 것이다.

4. 직업선택과 주관적 안녕(subjective well-being)

직업선택에 있어서 가장 중요한 것은 직업만족도이다. 직업만족도를 결정하는 가장 중요한 요인은 직업 자체이기보다 개인과 직업의 부합성(person-vocationfit)이다(권석만, 2013). 이런 부합성이 최적화되었을 때 행복의 지속력은 극대화된다. 행복은 객관적 지표에 의해 보조적으로 담보되기도 하지만 결국은 주관적 안녕에 기초하기 때문이다. 인본주의 심리학자들에 의하면 인간은 누구든 생득적으로 자기실현의 욕구를 갖고 태어난다. 그들에 의하면 인간의 자기실현의 경향은 경험이나 후천적으로 획득되는 것이 아니다. 그것은 인간의 본질적 요소이다. 그들의 통찰에 의존하지 않더라도 인간은 자기실현의 욕구가 실현될 때 진정한 행복을 느낀다는 것은 이미 경험된 진리이다. 이러한 차원에서 일(work)은 자기실현의 욕구를 충족시킬 수 있는 가장 이상적인 수단이라는 것에 많은 이들이 동의하고 있다. 직업선택에 있어서 자아실현의 욕구가 고려되어야 하는 이유이다. 물적 보상과 같은 외적 인센티브가 인간을 고무시키는 것은 분명하지만, 궁극적으로 그를 몰입시키고 행복하게 하는 것은 일과의 적합성이다. 인간은 일을 통해 주관적 안녕을 경험했을 때 효율성과 지속성 및 자아실현이 극대화된다. 그러나 Emmons의 분석에 의하면 불행히도 현대인들은 자신의 일과 주관적 안녕과의 관계에 있어서 상관이 낮거나 역상관을 나타내기도 한다(권석만, 2013 재인용).

5. 내재적 가치와 실용적 가치

직업에 대한 접근에 있어서 경제적 가치와 자아실현의 가치는 함께 고려돼야 한다. 내재적 가치와 실용적 가치가 바로 그것이다. 일을 통하여 행복하고 자신이 채워지는, 더 나아가 사회에 기여한다고 느낄 수 있다면 그것은 내재적 가치로서의 조건이 충족된 것이다. 그러나 직업이라는 것은 그것만으로 완성되는 것은 아니다. 자신이 납득할 만한 경제적 보상이 주어져야 한다. 즉 실용적 가치도 고려해야 한다. 둘 중의 하나가 만족스럽지 않을 때 직업을 통한 행복은 감소된다.

6. 직업과 사회적 역할

인간은 노동을 통해 자기를 실현하고 성장한다. 일이란 실험실 실린더 속과 같은 무균의 공간에서 이루어지는 것이 아니다. 일은 추상적이지 않다. 구체적 현장에서 이루어지는 자아실현 과정이 노동이다. 일이 없다는 것은 단순히 경제적 무기력 상태를 의미하는 것이 아니다. 그것은 자아실현의 무대가 없다는 말이 된다. 즉 사회적 역할이 주어지지 않았다는 의미다. 자기실현의 무대가 주어지지 않고 사회적 역할이 주어지지 않으면 인간은 정신적으로 퇴행하게 된다. 미성숙하게 된다는 뜻이다. 물리적 나이가 인간을 철들게 하지 않는다. 인간은 역할을 수행해 나가는 과정에서 그리고 이전보다 더 의미있는 역할을 맡는 과정에서 성숙해 간다. 직업이 경제적 요구로만 설명할 수 없는 이유이다. 더욱이 일을 통한 자아실현의 과정은 사회적 기여와 맞물려 있다. "세상이 자신에게 준 것보다 더 많은 것을 세상에 되돌려주는 것, 그것이 바로 성공한 삶"이라는 H. Ford의 말은 직업을 통한 행복을 경험한 이에게 너무도 정확한 말이다.

• Recognition

※ 이 장에서 배운 내용을 상기해 보겠습니다. 다음의 표에 배운 내용을 정리해 보세요.

'선택'이 가지는 의미는 무엇입니까?

'Calling'과 'Occupation'의 차이를 설명해 보세요.

'직업만족도'를 결정하는 가장 중요한 요인은 무엇인가요?

직업의 '실용적 가치'란 무엇일까요?

'내재적 가치와 실용적 가치의 균형을 이루는 방법은 무엇이 있을까요?

• Activities

직업찾기

나의 꿈과 비전을 이룰 수 있는 직업을 찾아봅시다. 다음의 표에 내가 원하는 직업명과 그 선택 이유를 작성해 보시고, 나의 강점과 연관시켜 보세요. 그리고 마지막에는 나의 직업을 유용하게 활용할 수 있는 기업들을 조사해서 작성해 보세요.

직업명	
선택 이유	
강점 활용 정도 (직싱, 질하는 것, 좋아하는 것)	
관련 기업	

직업명	
선택이유	
강점 활용 정도 (적성, 잘하는 것, 좋아하는 것)	
관련 기업	

취업 희망기업 찾기

앞의 직업찾기를 통해 확인된 관련기업을 기반으로 내가 취업하고 싶은 기업과 부서 및 직무 그리고 이 기업에 관심 있는 이유를 확인해 보세요. 이 기업에 대한 보다 자세한 사항을 홈페이지나 관련자료를 통해 찾아보시고 작성한 후, 친구들과 내가 원하는 기업의 정보를 공유해 봅시다.

취업하고 싶은 기업명	
부서 & 직무	
관심이 있는 이유	
기업정보	

취업하고 싶은 기업명	
부서 & 직무	
관심이 있는 이유	
기업정보	

• Reflection

오늘 활동을 통해 어떤 것들을 느꼈나요? 다음 표에 작성해 보세요.

1. 오늘 배운 학습내용 및 활동은 무엇입니까?
2. 활동을 하면서 새롭게 느낀 점은 무엇입니까?
3. 기타 의견

CHAPTER 07

진로설계

QUESTION

1. 스펙이 아닌 스토리
2. 자기 바로 알기
3. 목적과 목표
4. Darwin의 진화론의 교훈

• Opening

가치관의 정립

대학시절 여러분은 앞으로 삶의 토대가 되는 자신의 가치관을 파악하고 정립해야 합니다. 현재 나의 행동을 지배하는 가치관이 무엇인지 파악하고, 살아갈 인생의 핵심 가치를 수립하십시오. 여기서는 『브레이크를 놓아라』의 저자인 제임스 뉴먼이 개발한 자신의 가치관을 찾는 방법을 소개하겠습니다.

> 절벽과 절벽 사이에 35미터 I자 빔이 놓여 있습니다. 폭은 30cm 정도가 됩니다. 오늘은 비가 많이 내리고 있고 시속 80km의 바람도 불고 있습니다. 한쪽 끝에서 한 사람이 여러분께 소리칩니다.
>
> "잘 들으세요. 당신이 이 빔을 2분 안에 건너오면 10만 원을 주겠습니다."

여러분이라면 건너가시겠습니까? 지금까지 그곳을 건너간 사람은 없었다고 합니다. 왜 사람들이 건너가지 않을까요? 그 이유는 간단합니다. 돈보다 생명을 더 귀중하게 생각하기 때문입니다. 그런데 만약 1억을 준다면 어떻게 하겠습니까? 빔 반대편의 사람이 만약 여러분의 가족 중 한 명을 납치해서 "지금 당장 빔을 건너오지 않으면 이 사람을 떨어뜨려 버릴 거야"라고 하면 어떻게 하겠습니까?

우리의 목숨을 걸어야 하는 빔, 우리가 그 빔을 건너게 만드는 것들은 아주 극소수이지만 존재합니다. 우리는 모두 자신의 생명을 소중히 여깁니다. 그러나 그와 아울러 생명보다 더 소중한 것들도 있다는 사실을 잘 알고 있습니다. 그것이 바로 지배가치입니다.

- 당신이라면 어떠한 것에 위험한 1자 빔을 건너겠습니까? 당신의 지배가치는 무엇인가요?

자기사명서

자기 사명서란

- 자기 인생의 목표와 의미를 표현한 글입니다.
- 인생이라고 하는 여행길의 나침반이며 길잡이이며 각자의 의사를 결정하고 행동을 선택하는 데 있어서 지침이 되는 개인헌법의 역할을 해줍니다.
- 자기 삶의 목적이 무엇인지, 그 목적을 달성하기 위해 언제, 어디서, 무엇을 해야 하는지, 어떤 사람이 될 것인지를 서술하는 짧은 글입니다.
- 사명선언문에는 가치관, 시대의식, 선천적인 재능, 최종 목표지점, 그리고 그곳에 도달하기 위한 구체적인 로드맵이 포함되어야 합니다.
- 또한 개인, 가족의 일원, 그리고 시민으로서 가진 책임과 의무를 다하며 사회에 봉사하려는 결의가 표현되어야 합니다.

벤자민 프랭클린이 평생 수첩에 기록하고 다녔던 13가지의 사명 선언문

1. 절제: 우둔할 정도로 먹지 말고, 취하도록 마시지 말라.
2. 정숙: 타인이나 자기에게 유익하지 않은 말은 하지 말라. 필요 없는 말은 삼가라.
3. 질서: 모든 물건을 제자리에 있게 하라. 모든 일은 때를 잃지 말고 하라.
4. 결심: 해야 할 일을 다 하도록 결심하고, 결심한 일은 반드시 실행하라.

5. 절약: 타인이나 자신에게 착한 일이 되는 경우를 제외하고는 돈을 쓰지 말라. 즉 낭비를 말라.
6. 근면: 시간을 헛되이 쓰지 말라. 항상 유익한 일을 하고 있으라. 불필요한 일을 끊어 버리라.
7. 정직: 속임수로 해치지 말라. 깨끗하고 공정하게 사고하라. 말할 때도 그렇게 하라.
8. 공정: 해로운 일, 또 네가 응당 베풀어야 할 은혜를 베풀지 않음으로써 과오를 저지르지 말라.
9. 중용: 극단을 피하라. 당연하다고 생각되는 중상을 들을 때는 참으라.
10. 청결: 몸이나 의복이나 주택에 불결한 것이 있으면 그대로 두지 말라.
11. 침착: 사소한 일, 일상사나 불가피한 일이 있을 때 마음이 들뜨지 말라.
12. 순결: 성교는 건강이나 자손을 위해서만 행하라.
13. 겸손: 예수와 소크라테스를 따르라.

• Explanation

1. 스펙이 아닌 스토리

취업시장에서 한 개인의 능력의 객관적 지표였던 스펙의 중요성이 감소되고 있다. 이른바 스펙의 시대가 쇠락하고 있다. 첨단 근로조건과 기기의 발전으로 인해 기능적 요소의 중요성이 감소되고 있기 때문이다. 게다가 기능적 수준은 마치 초등학교 졸업장처럼 이미 평준화되었다. 이제 기업은 사람의 단면이 아닌 종면으로 판단하는 추세다. 스펙이 아닌 스토리로 평가하겠다는 것이다. 그것은 인성과 관련될 수밖에 없다. 사람에 대한 종면 평가는 주관적이고 평가가 힘들며 자료화하기에 어려움이 있기에 그 동안 고용시장에서는 스펙과 같은 단면적 요소가 선발의 기준이 되었다. 그러나 그러한 선발 방법이 기업의 항구적 성장을 담보해 주지 못할 뿐 아니라 오히려 부담이 될 수 있다는 판단에 이르게 되었다. 더욱이 세계적인 기업환경의 변화는 구성원들이 더 이상 스펙과 같은 기능적 수준으로 대처할 수 있는 수준을 넘어섰다. 조직의 활력과 생산성의 지속적 향상은 결국 사람의 문제이며 그것은 기능이 아닌 의지와 태도에 달려있다고 기업은 판단하고 있다. 스펙보다 스토리가 중요한 이유이다. 한 인간의 히스토리가 의미 있는 것은 그가 앞으로 어떻게 살아갈 것인가에 대한 분명한 답안지이기에 그러하다. 이제 기업은 사람의 단편적 기능이 아닌 사람의 품성과 의지를 비롯한 다면 평가를 통해 채용하고자 한다. 따라서 삶의 스토리를 성실하게 쓰는 것이 최고의 스펙이며 경력개발이다.

2. 자기 바로 알기(우리나라가 중국보다 크다?)

누군가의 설득력 있는 주장에 의하면 우리나라의 영토가 중국보다 크다고 한다. 그 근거로 우리나라는 국토의 75퍼센트가 산이기에 그것을 펼 수만 있다면 중국보다 크다는 것이다. 근거 없는 이론은 아니다. 보자기를 생각해 보자. 넓은 보자기를 들어올리면 오른 만큼 점유면적이 줄어든다. 물론 절대면적은 변함이 없다. 산이 많은 나라인 우리로서는 아쉽지만 위로가 된다. 우리는 결코 작은 나라가 아니다. 문제는 그 산들을 펴는 것이 불가능하다는 것에 있다. 펼 수 없다면 공허하고 의미 없는 위로에 불과하게 된다. 그러나 생각은 마음먹기에 달려있다. 펼 수 없다면 이용하면 된다. 우리는 불리한 지형을 극복하기 위해 다른 나라보다 더 많은 노력을 해야만 했다. 도로 하나 만들려면 다리를 놓아야 했고, 수많은 터널을 뚫어야 했다. 그러나 우리는 이러한 악조건을 극복하는 과정에서 세계 최고수준의 토목기술을 확보하게 되었다. 주어진 환경은 저 마다의 나름의 이유가 있다. 근육은 쓸수록 발달한다. 원래의 사이즈가 그의 크기는 아니다. 우리의 능력도 그러하다.

3. 목적과 목표

누구나 삶의 목적은 있다. 방향도 있다. 인간은 목적이 없기에 삶이 무의미한 것은 아니다. 문제는 목표의 부재다. 인생의 실패의 원인은 목적이 없기 때문이 아니라 목표가 없기 때문이다. 목적과 목표와의 관계는 전쟁과 전투와의 관계와 같다. 전투에서의 승리들이 모여 궁극적으로 전쟁에서 승리하는 것처럼 완수된 목표들이 쌓여 목적을 이루는 법이다.

목표는 목적을 이루는 사다리다. 사다리를 하나씩 짚고 올라가야 목적에 이를 수 있다. 그러나 많은 이들은 목적을 세워놓고 그것을 이루기 위한 구체적 전략인 매단계의 목표, 즉 사다리가 없다. 현실의 나와 목적의 나 사이의 괴리는 목표가 좁혀주는 것이다. 목적을 이루기 위해서는 조밀하고 구체적인 목표를 세워야 한다. 연 목표, 월 목표, 주 목표를 세워야 한다. 그러나 매일의 목표는 좌절을 경험할 수 있기에 신중해야 한다. 낱낱의 매일은 변수가 많기 때문이다. 목표 스케줄은 언제나 가능성이 높게 설계해야 효과적이다.

4. Darwin의 진화론의 교훈

종의 기원을 연구한 다윈의 진화론은 생물학은 물론 신학, 철학, 사회학 심지어 교육학에도 의미 있는 영향을 끼쳤다. 다윈의 진화론적 적자생존론(適者生存論)에 의하면 강한 종(種)만이 살아남는다. 지구상에는 많은 환경의 변화가 있어왔고 그때마다 도태와 진화를 거듭해 왔다. 그러한 변화에 살아남아 종을 유지한 생물은 환경적응력이 높은 종이었음을 보고하고 있다. 강한 자만이 살아남는다는 다윈의 진화론이 우리에게 주는 교훈은 강한 자란 힘이 센 자가 아니라 환경에 효과적으로 적응하는 자라는 것이다. 힘이 센 자가 강한 자라면 공룡은 지금도 살아 있어야 한다. 지구의 역사에서 공룡처럼 힘이 센 자는 없었다. 그러나 지금 우리는 화석으로만이 그들의 존재를 알 뿐이다. 그들은 자신의 힘만 믿다가 변화하는 환경에 적응 못하고 도태당했다. 빙하기와 간빙기 등을 거치면서 저 마다의 종들은 생존의 심판대에 올라야 했다. 우리의 앞길에도 빙하기와 간빙기가 있다. 우리의 환경은 숨이 가쁘게 변화하고 있다. 진로설계는 이러한 수많은 변화와 변수들을 고려해야 한다. 경직된 사고와 태도는 변화의 세계에서 도태당하기 쉽다. 환경을 바꿀 수는 없다. 적응만이 있을 뿐이다. 강하기에 살아남는 것이 아니라 살아남기에 강한 것이다.

나방과 별

제임스 서버(James Grover Thurber, 이정희 역, 1996)의 '나방과 별'이라는 우화가 있다. 나방 가족에 관한 이야기다. 주인공인 나방은 별을 사모한다. 그는 매일매일 별에 더 가까이 가려고 노력한다. 가족들은 이런 주인공 나방을 염려한다. "별은 너무 멀리 떨어져 있어. 거긴 갈 수가 없는 거야. 제발 헛된 꿈을 버리고 정신 좀 차려라" 너무나 현실적인 가족들은 그를 염려하며 충고한다. 그러나 그는 결코 별에게 가려는 꿈을 버리지 않는다. 시간이 흘러 어느새 그 외의 가족들은 다 죽고 말았다. 매일 램프 주위에 맴돌다 그 불에 타죽은 것이다. 그것은 불을 좋아하는 나방의 운명이다. 그러나 그는 램프에 타죽지 않았다. 그도 나방이어서 불을 좋아하지만 그는 램프불이 아닌 별빛을 사모했기 때문이다. 그는 불을 좋아하는 나방의 운명을 넘어서려고 했다. 언젠가는 결국 램프에 타죽는 자신의 운명을 극복하려 했다. 그리기 위해서 그는 램프 대신 별에게 가까이 갔다. 물론 그는 별을 만나진 못한다. 그러나 별을 사모하였기에 불에 타죽지 않았다. 자신의 운명을 극복한 것이다.

금수저, 흙수저 이야기가 상식처럼 돌아다닌다. 심지어 무수저 이야기도 있다. 자기 자조와 비하, 포기의 푸념들이다. 마치 인간도 나방처럼 주어진 운명에 의해 결정될 수밖에 없다는 질 낮은 푸념들이다. 그 푸념 속에는 자기합리화와 자기위로가 고묘히 숨어 있다. 인간의 역사를 돌이켜 보면, 자신의 무능과 게으름을 구조에서 찾고자 하는 한심한 시도들은 끝없이 있어 왔다. 그 이론들도 정교하게 발전되어 왔다. 그렇다면 어찌할 것인가. 어떡하겠다는 건가. 푸념과 자조 속에서 한 걸음도 나오지 못한다면 램프불에 타죽는 나방과 무슨 차이가 있는가. 운명은 핑계의 다른 말이다. 우리에겐 별이 있다. 운명의 반대는 별이다.

• Recognition

※ 이 장에서 배운 내용을 상기해 보겠습니다. 다음의 표에 배운 내용을 정리해 보세요.

한 개인에게 '스팩'보다 '스토리'가 중요한 이유가 무엇일까요?

나의 '스토리'를 작성해 보세요.

'목적'과 '목표'는 어떤 차이가 있나요?

내 삶의 '목적'과 '목표'는 무엇인가요?

영화 '치킨 런'을 보고 느낀 점을 작성해 보세요.

• Activities

나의 사명서

앞서 이야기한 자신의 가치와 그것들의 정의, 실천방법을 바탕으로 자기 사명서를 작성해 보세요. 다음 빈 칸을 다음 내용들로 채워보시기 바랍니다.

① 자신의 이름
② 삶의 가치나 인생 철학
③ 자신이 가지고 있는 강점이나 재능 태도 등
④ 목표, 자신이 원하는 미래상
⑤ 사회에 공헌하고자 하는 것

나의 사명서

나 ① (   )는 내 인생을 통하여

② (   )를 추구한다.

내가 가지고 있는 ③ (   )

(   ) 등을

이용하여,

④ (   )을 이루어,

⑤ (   )

을 구현하고자 하는 것이다.

20 년 월 일 요일

______________________(서명)

꿈의 발견

여러분! 성공한 사람들이 가장 흔하게 하는 말이 무엇인지 아시나요? 그것은 "난 사실 여러분들과 전혀 다르지 않습니다"입니다. 세계에서 가장 부유한 사람 중의 한 사람인 워렌 버핏도 이 말을 대학 강의실에서 했습니다. "어쩌면 나는 여러분들보다 돈이 더 많을 수는 있겠지만, 그것은 여러분과 나의 진정한 차이가 아닙니다. 물론 나는 비싼 최고급 양복을 살 수 있습니다. 하지만 내가 입으면 싸구려처럼 보입니다. 게다가 내 입맛에는 100달러짜리 고급 음식보다 패스트푸드점의 치즈버거가 더 맞습니다."

> "여러분과 나 사이에 차이가 있다면 단지 나는 매일 아침 일어나서 하고 싶은 일을 할 수 있는 기회를 가진다는 사실입니다. 매일매일 말이죠. 이 말이 내가 여러분에게 해줄 수 있는 최선의 충고입니다."

여러분도 워렌 버핏처럼 하고 싶은 일을 직업으로 갖고 살아가고 싶나요?

그렇다면 자신의 사명(mission)이나 직업을 탐색할 때, 미래와 인생을 계획할 때 3가지를 확인하십시오.

- 첫째, 내가 남들보다 잘하는 일을 파악하십시오.

  힘들어 하지 않아도 남보다 탁월하게 잘하는 것이 무엇인지 찾아야 합니다. 여러분의 숨겨진 재능을 발견하세요.

- 둘째, 내가 좋아하는 것, 재미있어 하는 것이 무엇인지 파악하십시오.

  시간 가는 줄 모르고 몰두했던 일, 오랜 시간 해도 질리지 않고 여전히 재미있어하는 것이 무엇인지 찾아보세요.

• 셋째, 내가 잘하고 좋아하는 것이 사회적 가치를 창출할 수 있는 일인지 찾아보세요.

여러분의 재능을 펼칠 수 있는 새로운 일 혹은 직업을 만들어 갈 수 있습니다.

여러분이 남들보다 잘하고 좋아하는 일을 직업으로 바꾸어 살아간다면 성공적이고 행복한 사람으로 살아갈 가능성이 높아집니다.

> "내가 좋아하는 것과 내가 잘하는 것 이 둘의 교차점에서 나의 꿈을 발견할 수 있습니다."

비전설정

> 앞이 보이지 않는 사람의 세상은 만져 본 것에 국한되고, 무지한 사람의 세상은 자신이 가진 지식에 의해, 위대한 사람의 세상은 비전에 따라 정해진다.
>
> –E. 폴 하비

비전이라는 말을 사전적으로 보자면 '미래에 대한 구성, 미래상'이라고만 짧게 표현되어 있습니다. 좀 더 살펴보면 '보는 행위 또는 능력, 보는 감각, 꿰뚫어 보는 힘, 마음의 시력'을 뜻함을 알 수 있습니다.

비전과 목표는 구분하기 힘들기도 합니다. 세계적인 베스트셀러 작가인 켄블랜차드는 비전과 목표를 다르게 구분하여 정의내립니다. 비전은 목적을 달성해가는 과정에서 끊임없이 지침을 제공하는 영속적인 것입니다. 목표와 비전을 구분하는 한 가지 방법은 다음과 같은 질문을 해보는 것입니다. '그 다음에는?' 일단 현재의 목표가 달성되고 나면, 비전은 미래의 행동을 위한 뚜렷한 방향을 제시하고 새로운 목표를 설정하도록 해줍니다. 하지만 비전이 없을 때엔 일단 목표만 달성되고 나면 모든 게 끝나버리고 마는 것입니다.

비전은 '미래를 보는 것! 즉, 미래에 만들어내고 싶은 이미지를 지금 이곳에서 보는 능력'입니다.

비전의 힘과 역할

- 삶의 방향을 잡아주는 길라잡이
- 인생의 자동항법 장치
- 강력한 신념을 만들어 주는 도구
- 잠재능력 발휘의 원동력
- 동기 부여의 원천

비전설정

- 비전이란?

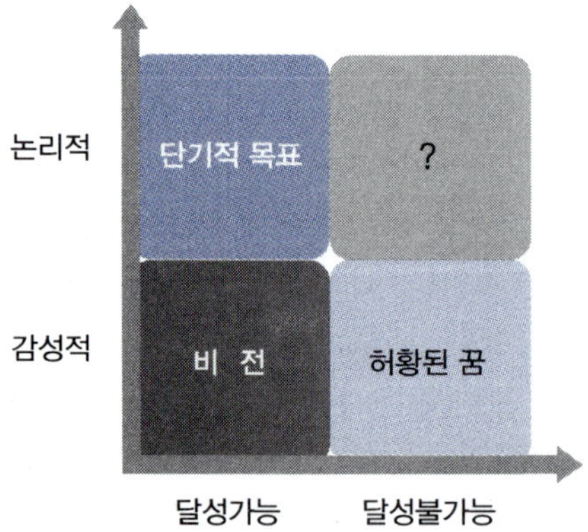

비전과 유사한 용어인 '꿈(허황된 꿈)'과 '목표'가 있습니다. 감성적이나 실현 불가능한 것은 허황된 꿈에 불과하고 실현 가능하나 논리적인 것은 '목표'입니다.

모두가 함께 꾸는 가능성의 꿈, 즉 구성원들의 가슴을 뛰게 할 수 있는 비전은 당연히 감성적이고 또한 달성 가능한 것이라고 볼 수 있습니다. 영국의 신경학자 도날드 칸은 '이성은 결과를 낳고, 감성은 행동을 낳는다'고 말했습니다. 즉 비전은 가슴을 뛰게 하는 것이기에 그것이 구성원들의 행동을 이끌 수 있는 것입니다.

> 꿈은 반드시 필요한 것이며, 그 꿈은 시각화함으로써 더욱 구체적인 대상이 된다. 그리고 구체적인 꿈은 현실이 된다.
>
> －최양진 『유비쿼터스시대의 블루오션 전략』 중에서

성공한 사람들의 공통된 특징 중 하나는 자신의 꿈을 시각화하는 과정을 거쳤다는 것입니다. 여러분도 다음 예시와 같이 자신의 비전을 이미지로 표현해 보면 더욱 구체적으로 알 수 있습니다.

비전설정

◆ 나의 비전을 구체적인 그림이나 사진, 핵심어 등으로 표현해 보세요.

내가 잘하는 것

◆ 내가 잘하는 것-내가 하고 싶은 일은 무엇이고 나는 무엇을 잘할까?

1) 내 인생의 순간들 중 가장 기억에 남는 3가지 장면을 떠올려보고 그 장면을 간단하게 적어 보세요.

2) 밤을 새워가며 해 본 일, 남들보다 빨리 배웠던 일, 1년 이상 집중했던 일, 계속해도 질리지 않는 일 등이 있는지 생각해 보세요.

3) 자신이 잘한다고 생각되거나 자신에게 어울리는 단어를 적어 보세요.

4) 나의 장점에 대해 나의 친구, 부모님께 물어보고 기록해 보세요.

내가 좋아하는 것

◆ 내가 좋아하는 것–내가 좋아 하는 일은 무엇이고, 무엇에 관심이 있는가?

1) 자신이 좋아하는 단어 10개를 써 보세요. 마음속에서 미리 걸러내지 말고 좋아하는 것이라면 어떤 것이든 좋습니다.

2) 여러분이 닮고 싶은 롤모델은 누구인가요? 왜 그 사람을 선택했나요?

3) 사는 동안 가장 매력을 느꼈던 작업은 무엇인가?

....
....
....
....
....

4) 가장 재미있게 들었던 수업은 어떠한 주제에 관한 것이었나요?

....
....
....
....
....

내가 잘하고 좋아하는 것

◆ 위에서 작성한 내용을 바탕으로 자신이 좋아하는 일, 그리고 잘하는 일을 적어보세요. 그리고 각 교차 칸에 두 항목을 포함할 수 있는 직업을 적어보세요.

구분		좋아하는 일				
		여행				
잘하는 일	말하기	여행가이드				

※ 각 직업이 '가치관 정립'에서 확인한 자신의 가치관과 잘 부합하는지 검토해 보세요.

나와 어울리는 직업

◆ 위의 작업을 바탕으로 자신에게 어울리는 직업과 그 이유, 그리고 직업에 대한 정보를 적어보세요.

직업명	선정 이유	직업 정보

나의 목표

◆ 올해 계획했던 목표들을 10가지 열거해 보세요. 그리고 그 목표에 대한 성취율을 기록해 보세요.

구분	목표	성취율
목표 1		%
목표 2		%
목표 3		%
목표 4		%
목표 5		%
목표 6		%
목표 7		%

(계속)

구분	목표	성취율
목표 8		%
목표 9		%
목표 10		%

몇 개의 목표를 적으셨고, 기억한 목표들에 대해 몇 %를 성취하셨습니까?

목표 실행의 방해요소 중에서 가장 큰 요인을 차지하는 것은 추진력(27%)이라고 합니다. 그리고 13%를 차지하고 있는 게으름도 있습니다. 이 방해요소들의 발생원인은 무엇일까요? 목표 실행의 40%를 차지하는 방해요소의 원인은 계획력의 부재라고 합니다.

목표설정

목표는 어떻게 세워야 하는가?

1. 목표설정을 위해서는 자신에 대한 이해가 우선되어야 한다.

2. 장기 목표와 단기 목표가 병행되어야 한다.

도달하는 데 다소 어렵고 시간을 필요로 하는 장기 목표와 노력하면 쉽게 달성할 수 있는 단기 목표를 함께 설정합니다. 장기 목표는 다소 포괄적이어도 상관없지만 단기 목표는 구체적으로 세웁니다. 특히 장기 목표일 경우에는 중간 목표를 설정하는 것이 좋습니다.

3. 목표는 명확하고 구체적이어야 한다.

명확하고 구체적으로 세운 목표는 추상적이고 모호한 목표보다 실천가능성이 훨씬 높습니다. 그리고 목표는 긍정문으로 진술합니다.

4. 목표 성취를 위해 주변의 도움을 요청한다.

나의 목표라고 해서 처음부터 끝가지 모든 것을 혼자 해야 한다는 생각을 버리고 어려움에 직면했을 때는 친구나 선배 혹은 교수님께 도움을 요청합니다. 혼자 문제를 해결하기보다는 주변 사람들의 도움을 받게 되면 한 걸음 아니 열 걸음 이상 앞으로 나아갈 수 있는 힘을 얻을 수 있습니다.

목표를 이루는데 도움이 되는 사람은 누구일까? 그것은 바로 경험자입니다. 경험자를 통해 목표를 수행하던 도중 도출되는 수많은 방해요소에 대한 대비는 물론, 때로는 든든한 지원과 뜻하지 않은 행운을 얻을 수 있습니다.

5. 목표의 실천 정도를 평가한다.

목표 달성의 정도를 중간에 평가하고 과제 완성에 필요한 시간을 잘못 계산했다면 목표를 수정하고 계획을 변경합니다. 그런 다음 다시 세운 목표와 실천한 것을 최종 평가합니다.

6. 목표를 성취했다면 자신에게 보상하라.

수많은 시행착오와 노력 끝에 목표에 도달한 자신에게 물질적이거나 정신적인 보상을 줍니다. 이는 다른 목표를 설정하고 다시 성공할 수 있도록 하는 긍정적인 자극제가 될 수 있습니다.

SMART 목표설정

목표는 스마트(SMART)하게 설정하십시오.

Specific(구체적으로), 목표는 구체적인 것이어야 합니다.
구체적인 목표를 정하기 위해서는 목표점에 대한 충분한 이해가 선행되어야 합니다.

Measurable(측정할 수 있도록), 목표는 측정 가능한 것이어야 합니다. 심정적인 태도 변화를 목표로 삼았더라도 그 목표가 실현되었을 때 나타내는 행동 변화를 수량적 단위로 바꿔서 표현해야 합니다.

Action Oriented(실천적이고), 목표는 실천적인 것이어야 합니다. 이런 점에서 목표는 마음먹기보다 행동지향적입니다. 실천항목들을 염두에 두지 않는 목표는 진정한 목표가 아닙니다. 왜냐하면 인생은 마음먹은 만큼 바뀌기 때문입니다.

Realistic(현실적이며), 목표는 실현 가능성을 내포하는 것이어야 합니다. 목표가 망상이나 공상과 달리 이상으로 여겨지는 것은 목표가 가진 실현가능성 때문입니다.

Timely(마감시간이 있는 목표), 목표를 설정할 때 한계시간을 설정을 해야 합니다.

목표를 이루었다고 하더라도 적합한 시간에 달성하지 못한다면 가치를 인정받을 수 없습니다. 시간설정은 그 목표의 가치를 최고 정점에 이르게 합니다.

좋은 목표란

1. 자신에게 가치가 있어야 한다.
2. 실현가능성이 있어야 하며 현실적이어야 한다.
3. 융통성이 있어야 한다.
4. 구체적이어야 한다.

예를 들면, "이번 학기에 장학금을 받는다"보다는 "이번 학기에는 세 과목 이상 A+를 받는다" 같이 보다 명확하고 구체적이어야 합니다.

2018년 1학기 목표(예)

목표

SMART	세부 내용
S(구체적인)	목표의 대상은 포괄적인 것이 아니라 구체적이어야 합니다. 예: 영어를 잘한다. → 회사에서 요구하는 토익점수를 획득한다.
M(측정가능)	목표는 오감을 통해 측정 가능해야 한다. 예: 영어 공부를 열심히 한다. → 매일 단어를 30개씩 외운다.
A(행동중심)	목표는 생각이 아니라 행동적인 것이어야 한다. 예: 매일 영어 공부를 한다. → 매일 1시간씩 도서관에 간다.
R(현실적)	실현 가능한 수준으로 목표를 분할, 점진적으로 실행해 나간다. 예: 영어를 원어민 수준으로 잘하겠다. → 토익 700점을 받는다.
T(언제까지)	목표의 가장 중요한 요소는 언제까지 하겠다는 시간 개념이다. 예: 토익 700점을 받는다. → 12월까지 토익 700점을 획득한다.
최종목표	나는 12월까지 내가 취업하려는 회사에서 요구하는 토익 점수인 700점을 획득하기 위해서 매일 1시간씩 도서관에 가서 공부하고, 매일 단어를 30개씩 외우겠다.

중간목표

순번	중간목표	기한	시행 여부
1	토익 문제집을 구입해서 하루에 다섯 페이지씩 푼다.	(매일)까지	○
3	10월 모의토익을 접수하고 응시한다.	(10월)까지	○
4	11월에 정기토익을 접수하고 응시한다.	(11월)까지	○
2	매일 토익 단어를 30개씩 외운다.	(매일)까지	△

목표 달성 평가

목표 달성률	목표 달성에 대한 평가
80 %	목표를 세우고 달성하기 위해 노력하였지만, 중간목표 중 하나인 매일 토익 단어를 외우는 것은 완수하지 못하였다. 따라서 목표만큼 점수가 나오지 않은 것 같다. 하지만 650점을 획득했다는 것에 만족한다.

20 년 학기 목표

목표

SMART	세부 내용
S(구체적인)	
M(측정가능)	
A(행동중심)	
R(현실적)	
T(언제까지)	
최종목표	

중간목표

순번	중간목표	기한	시행 여부
1		( )까지	
3		( )까지	
4		( )까지	
2		( )까지	

목표 달성 평가

목표 달성률	목표 달성에 대한 평가
%	

20 년 학기 목표

목표

SMART	세부 내용
S(구체적인)	
M(측정가능)	
A(행동중심)	
R(현실적)	
T(언제까지)	
최종목표	

중간목표

순번	중간목표	기한	시행 여부
1		( )까지	
3		( )까지	
4		( )까지	
2		( )까지	

목표 달성 평가

목표 달성률	목표 달성에 대한 평가
%	

대학생활 목표

◆ SMART하게 대학생활 목표를 작성해 보세요.

1) 각 생활영역에서 대학을 졸업할 때까지 이루고자 하는 목표를 적어보세요.

	대학 졸업 때까지 이루고자 하는 목표
직업/학업	
가족/인간관계	
취미	
기타	

2) 다음의 각 생활영역에서 장기 목표를 위한 단기 목표를 설정해 보세요.

	대학 졸업 때까지 이루고자 하는 목표	단기목표
직업/학업		
가족/인간관계		
취미		
기타		

3) 자신의 단기 목표를 성취했는지 여부를 어떤 기준으로 평가할 것인지 생각해 보세요.

단기 목표	평가 기준

• Reflection

오늘 활동을 통해 어떤 것들을 느꼈나요? 다음 표에 작성해 보세요.

1. 오늘 배운 학습내용 및 활동은 무엇입니까?
2. 활동을 하면서 새롭게 느낀 점은 무엇입니까?
3. 기타 의견

CHAPTER

08

경력개발

QUESTION

1. 무엇을 경험할 것인가?
2. I can do와 I Can't do
3. Present, 현재라는 선물
4. 일인 기업이 되자
5. 그래도 입추의 여지는 있다

• Opening

나의 강점 활용하기

강점이란 것은 구체적으로 무엇인가? 강점은 4가지 신호로 무엇인지 파악할 수 있다. 그 네 가지 신호는 성공, 본능, 성장, 필요이다. 성공은 지속적인 성과이고, 본능은 무의식적인 이끌림, 성장은 몰입, 필요는 만족감과 같은 것들이다. 이 네 가지 신호가 포착되는 활동을 강점이라 할 수 있다.

성공	지속적인 성과를 내는 활동이다. 여기에서 성과라는 개념은 생산적인 활동이라는 것을 알아야 한다. 박지성이 축구를 하는 것은 지속적으로 성과를 보이는 활동이라 할 수 있지만, 체육대회에서 취미로 하는 축구는 강점 활동이 아니라 취미 활동일 뿐이다. 단순히 성과만으로 강점을 규정짓기에는 뭔가가 부족한 것이다.
본능	끌리는 활동이다. 잘한다는 확신도 없고 실패에 대한 두려움에도 이상하게 계속 하고 싶고 도전해 보고 싶은 그런 활동이다.
성장	그 일을 할 때 유난히 집중이 잘 되고 시간이 빨리 가는 느낌을 받는 활동들이다. 그리고 그런 몰입에서 행복감을 느낀다. 그렇다고 해서 노력이 필요하지 않은 것은 아니다. 이런 활동을 할 때는 더 잘하고 싶어서 배우고 성장하고 싶은 마음이 생긴다.
필요	활동을 하고 나서 어떻게 느끼는가에 대한 것이나. 어떤 활동은 마치고 나면 뭔가 필요를 충족시켜주는 느낌을 준다. 이 말은 신체적으로는 피곤하다고 느낄지 몰라도 심리적으로는 만족감과 힘이 샘솟고, 회복되는 느낌을 주는 활동을 주는 것이다.

이 네 가지 강점을 나타내는 신호를 조합하면 강점이란 본능이 이끌고, 집중시키며 기분 좋게 하여 의욕을 증진시키고 이것이 곧 지속적 성과를 만들어 내는 활동을 강점이라고 할 수 있다.

강점이 지속적인 성과와 본능적 이끌림, 높은 집중력과 만족감을 낼 수 있는 이유는 강점이 각자의 고유한 재능과 지식, 기술로 구성되어 있기 때문이다. 재능은 무의식적으로 반복되는 사고, 감정 행동의 패턴이고 지식은 학습과 경험을 통해 얻은 진리와 교훈들. 그리고 기술은 이런 기술을 체계화시켜서 활동을 하는 단계라고 할 수 있다.

강점 선언문

◆ 다음 네 가지 질문을 통해 강점 선언문을 작성해 보자.

강점 선언문 검사하기

◆ 강점 선언문을 다음 질문들을 통해 진짜 강점인지 확인해 보자.

• Explanation

1. 무엇을 경험할 것인가?

경력은 경험의 외적 지표다. 경력이 있다는 것은 그만큼의 경험이 있다는 말이다. 인간에게 경험만큼 확실한 자산은 없다. 그래서 어른들은 무엇이든 시도해 보고 겪어보라고 말한다. 젊은 날 무엇을 경험하든 손해 볼 것이 없다는 충고다. 그러나 이것은 매우 무책임하고 비합리적인 충고다. 모든 경험이 삶에 유익한 것은 아니다. 모든 것을 경험하기엔 젊음은 너무 짧고 기회는 제한되어 있다. 경험이란 좋은 것도 있고 나쁜 것도 있다. 모두가 인생의 거름이 되는 것이 아니다. 나쁜 경험은 인생의 멍에가 되기도 한다. 젊은 날 무엇을 경험해야 할지에 대한 선택의 고민이 있어야 한다. 삶이란 경험의 누적이기 때문에 경험의 총합이 인생의 성공여부를 결정한다. 의미 있고 합리적인 경험이란 자신의 경험이 목표와 부합되는 것으로 구성되어 있는 것을 의미한다. 계획 없는 경험만큼 위험한 것은 없다. 스펙 역시 그러하다. 목표에 부합하는 스펙으로 모아져야 한다.

어설픈 멘토들은 하루 종일 공부에 내몰린 아이들이 불쌍하다고 공허한 위로를 한다. 마음껏 놀아야 할 아이들이 공부만 한다고 안타까워한다. 인간에 대한 무지에서 비롯된 무책임한 위로다. 그러한 위로들이 합당한지 생각해 보라. 공부든 일이든 미래를 위해 노력할 때가 바로 젊었을 때이다. 젊은 날의 계획 없고 절제 안 된 경험들은 그의 평생의 멍에가 될 수 있다는 것을 명심하자. 모든 경험이 다 이로운 것은 아니다. 좋은 경험만이 좋은 인생을 만든다.

2. I can do와 I can't do

어른이 되었다는 것은 자신이 할 수 있는 것과 할 수 없는 것을 분명히 구분할 수 있다는 것을 의미한다. 삶의 목적이 구체적이며 그에 따른 목표도 체계적이고 조밀해져야 한다는 의미다. 꿈이 큰 것은 그 자체가 죄가 될 수 없다. 그러나 실현가능성으로부터 멀어진 헛된 것이라고 주위로부터 객관적으로 평가된다면 원점에서 검토해야 한다. 꿈은 자신의 역량과 비례해야 한다. 역량과 노력의 한계에 기초하지 않은 미래설계는 꿈이 아니라 몽상이다. 꿈이란 점프를 해서 닿을 수 있는 거리 안의 것이어야 한다. 비록 지금은 근육이 발달하지 못해서 점프를 해도 닿을 수 없지만, 노력하여 근육을 키우면 언젠가는 닿을 수 있는 범위 안에 있어야 진정한 꿈이 된다. 예를 들어 간호학과의 학생이 대통령이 꿈이라고 한다면 그것은 매우 부적절하고 합리적이지 못하다. 그것은 지금의 지점에서 점프를 해도 닿기 힘든 영역의 꿈이다. 그러나 간호사로서 모두가 선호하는 대학병원을 목표로 한다면 그것은 합리적이다.

나는 할 수 있다. 그래, 넌 할 수 있어. 이러한 다짐과 격려는 아름답다. 그러나 한계 상황을 벗어난 자신감과 부추김은 일종의 열등의식이다. 인간은 철이 들어가면서 자신이 할 수 있는 것보다 할 수 없는 것이 더 많다는 것을 알게 된다. 비극적 현실이지만 그것을 인정하면서부터 책임 있는 사회의 구성원이 되고 어른이 되어간다. 할 수 있는 것보다 할 수 없는 것을 먼저 생각하고 그것을 목표에서 제외시키는 것이 합리적이다. 인생은 도박이 아니다.

3. Present, 현재라는 선물

영어의 present는 현재라는 뜻도 있지만 선물이라는 뜻도 있다. 우연의 일치가 아니다. 이 말은 깊은 철학적 의미를 함축하고 있다. 현재가 곧 선물이라는 뜻이다. 현재가 없는 사람은 없다. 누구든 현재는 있다. 그러나 현실을 선물로서 소중하게 생각하는 이는 드믈다. 그 이유는 대다수의 사람들의 현실이 너무 고통스럽거나 단조롭기 때문이다. 선물이라면 고통스러울리 없다는 생각일 것이다. 그러나 고통의 의미를 생각해 본 이는 고통이 그 어떤 것보다 가치 있는 선물이라는 것을 알게 된다. 고통에는 의미가 있기 때문이다. 의미 없는 고통은 없다. 그 의미를 아는 순간 고통은 선물이 된다. 선물로서의 고통은 인간을 단단하게 하는 연단이 된다. 그러나 선물로 인식하지 못하는 고통은 괴로움 그 이상의 의미는 없다. 그냥 괴로울 뿐이다. 현재를 선물로 인식할 것인지 아닌지는 각자의 몫이다. 현재라는 선물의 포장을 뜯는 것은 미래다. 그 안에 무엇이 들었을 것인가는 지금 나의 의지와 열정에 달려있다. 젊은 날 의미 있게 경력을 관리하는 것은 미래에 개봉될 선물의 질을 결정한다.

> 영어의 think와 thank는 같은 어원이다. 생각하면 감사하다. 생각할수록 더욱 감사하다. 생각하지 않으니 현재가 선물인지 모른다.

4. 일인 기업이 되자

평생직장의 개념이 사라진지 오래다. 공무원마저도 다면평가로 인해 승진과 처우가 달라진다. 호봉제에 숨어 한 세월 보내던 시절은 이미 없다. 40대의 퇴직과 전직은 이미 상식이 되었다. 통계에 의하면 한 사람이 일생 동안 평균 7번의 직장을 옮긴다고 한다. 직장을 옮기기도 하지만 직업을 바꾸기도 한다. 고통스러운 상황이다. 평균수명은 대책 없이 늘어간다. 평균수명이 늘어나는 것이 좋은 것만이 아니다. 준비 안 된 수명의 증가는 재앙이다. 시대가 바뀌었다. 갈수록 구직자는 절대 을의 신세가 된다. 그렇다면 앞이 안 보이는 시대에 무엇이 답인가. 일인 기업이 답이다. 일인 기업이란 창업을 의미하는 것이 아니다. 자신의 역량 자체가 자산이 되어야 한다는 뜻이다(공병호, 2004). 직장과의 관계에서 갑이 되라는 뜻이다. 평생 고용불안에서 해방되려면 갑의 위치를 점하는 수밖에 없다. 그것은 젊은 날 철저히 계획되고 준비된 경력관리 외에 다른 답은 없다. 직장이 나를 언제나 가족으로 여긴다고 생각하면 오산이다.

5. 그래도 입추의 여지는 있다

사람이 너무 많을 때 우리는 입추의 여지가 없다고 한다. 풀어 말하자면 바늘 꼽을 공간도 없다는 뜻이다. 최근 창업을 염두에 두는 이들이 이러한 경험을 한다. 무엇을 하려면 이미 누군가가 먼저 하고 있기에 비집고 들어갈 여지가 없다. 그들의 눈에는 모두가 레드오션이다. 먹고 살기 막막하고 바늘 하나 꽂을 수 없을 만큼 세상은 기회가 없어 보인다. 그래서 그들이 선택할 수 있는 것은 통닭집과 카페 밖에 없다. 그러나 그 곳이야 말로 세상의 바늘이란 바늘은 다 모여 있는 것이다. 그러니 곧 튕겨 나올 수밖에 없다. 창업도 폐업도 제일 많은 곳이 통닭집과 카페다. 그러나 묻고자 한다. 세상은 정말 바늘 하나 꽂을 곳이 없는가? 정말 그러한가?

일반인의 상식과는 반대로 미래학자들은 과거보다는 미래에 더 많은 기회가 주어질 것이라고 예언한다. 그것은 과거의 경험에 기반한 예언이다. 인간의 역사를 보면 직업의 수는 끝없이 증가해 왔다. 직업의 증가는 기회의 증가를 말한다. 컴퓨터와 인공지능의 발달로 인간의 일자리는 줄어들 것 같지만 그것의 활용으로 인한 일할 기회는 증가해 간다. 문제는 역량이다. 준비 안 된 이에게는 자살골 같은 누구나 생각하는 업종의 창업만 보일 뿐이다. 그러나 준비된 이들에게는 세상은 온통 기회의 땅이고 바늘 꽂을 곳이 너무 많다. 퍼스트 펭귄의 용기는 준비된 이들만이 가능한 모험이다.

퍼스트 펭귄(First Penguin)

모두가 불안한 상황, 무리 중에서 처음 바다에 뛰어든 용감한 펭귄, 불확실성을 감수하고 용감하게 도전하는 선구자를 뜻한다. 그를 따라 나머지 펭귄들이 용기를 내어 바다에 뛰어든다.

• Recognition

※ 이 장에서 배운 내용을 상기해 보겠습니다. 다음의 표에 배운 내용을 정리해 보세요.

'경험'이 우리 인생에서 중요한 이유는 무엇일까요?
지금 내가 할 수 있는 일은 무엇이 있나요?
Present가 현재와 선물이라는 의미를 가지는 이유가 무엇인가요?
'일인 기업'이 무엇인가요? 왜 필요한가요?
나의 경력을 개발하기 위해 내가 지금 해야 할 일은 무엇인가요?
미래학자들은 '과거보다 미래에 더 많은 기회가 주어진다'고 합니다. 왜 그럴까요?

• Activities

나의 강점 활용

◆ 자신의 강점을 활용할 방법과 어떻게 가꾸어 나갈지 방법들에 대해 작성해 보세요.

나의 강점	
나의 5가지 테마	
나의 강점 활동에 5가지 테마를 어떻게 적용할 것인가?	
이 강점을 최대한 이용하기 위해 어떤 지식과 기술을 배울 것인가?	
이 지식과 기술을 배우기 위해 어떤 행동을 할 수 있는가? 읽을 책이나 수강할 강좌가 있는가?	
이 강점을 더욱 효과적으로 사용하는 방법에 대해 누구와 이야기 할 수 있는가?	
이 강점을 더 잘 사용하기 위해 자신의 역할을 어떻게 확장할 수 있을까?	

나의 경력

◆ 나의 경력을 적어봅시다.

아르바이트 및 연수 경험	기간	활동 내용	소감

• Reflection

오늘 활동을 통해 어떤 것들을 느꼈나요? 다음 표에 작성해 보세요.

1. 오늘 배운 학습내용 및 활동은 무엇입니까?

2. 활동을 하면서 새롭게 느낀 점은 무엇입니까?

3. 기타 의견

CHAPTER 09

취업전략

QUESTION

1. 경쟁에 대한 건전한 이해
2. 거짓 양성 vs. 거짓 음성
3. 인터넷에만 의존하지 마라
4. 우리는 많은 사람의 손과 가슴으로 만들어진다
5. 취업전략으로서의 인문학
6. 내가 바로 그 사람이다

• Opening

호감형 이력서 만들기

◆ 이렇게 작성하라.

- 시간적 여유를 두고 차분하게 작성하라.
- 컴퓨터를 활용해 깔끔하게 작성하라.
- 목적의식을 가지고 목표분야를 명확히 하라.
- 직무분야와 관련된 경력을 상세히 기술하라.
- 자신이 가진 기술 및 능력을 최대한 기재하라.
- 첨부서류를 챙겨라.
- 제출마감과 제출방법을 지켜라.

◆ 자신만의 이력서 스타일을 만들어라.

- 기존 문방구식 이력서는 정보의 단순한 나열에 그쳤으나, 최근의 자유형 이력서는 정보의 구체성에 초점을 두고 있다.
- 자신에게 중요한 부분을 구체적으로 강조하는 것이 좋다.
  - 예를 들어, 학생회 활동을 했다는 사실이 중요한 것이 아니라 남들과 달리 자신이 성취한 일이 무엇인지를 활동내역에 기입하는 것이 중요한 것이다.
- 여성의 경우 불필요한 병역 란은 다른 유용한 정보로 대체하는 것이 좋다.
- 자신 있게 다룰 수 있는 툴을 이용하라.
- 글자크기(Font Size)는 10 내지 11포인트로 하라.
- 중요한 부분은 '굵게' 혹은 '컬러'로 표시하라.

◆ 신입직 이력서

- 자신의 지원분야를 확실하게 명기할 것

– 작은 차이 하나가 지원자의 의지나 열의, 일에 대한 자신감을 말없이 대변해 주고 있음을 명심해야 한다.

- 지원분야와 연관된 활동을 효과적으로 기술할 것
  - 아르바이트 경력을 기입하면 효과적이다.
  - 기업체험활동을 소개하면 효과적이다.
- 장래의 포부나 비전을 확실히 명기할 것
  - 신입사원이기에 갖는 미래에 펼칠 꿈을 보여주어야 한다. 경력사원과는 다른 활력소를 보여주도록 한다.

◆ 이런 것에 주의하라

- 오타나 오기가 없도록 할 것
- 약어, 속어를 쓰지 말 것
- 한 페이지가 넘어가면 페이지 번호를 남길 것
- 최근에 있었던 일부터 기록할 것
- 디카, 폰카 사진은 'NO'
  - 온라인 이력서에 디지털카메라나 휴대폰카메라로 찍은 사진을 부착하는 경우가 20%를 넘을 정도로 많다고 한다. 최소한의 격식은 지켜야 한다.
- 회사명을 틀리는 실수를 하지 마라.
  - 한번 작성한 이력서를 계속 사용하는 구직자들이 많은데 미처 회사명을 바꾸지 않는 실수를 저지르는 사례가 의외로 많다. 이는 성의가 없는 것으로 간주된다.
- 학점은 솔직하고 정확하게 기입하라.
  - 대부분 입사지원서의 학점 란에는 소수점 둘째 자리까지 입력하도록 돼 있다. 이를 무시한 채 반올림을 했다가 '허위기재'로 판명, 고배를 마시는 경우도 많다.

- 불필요한 자격증이나 특이한 취미는 적지 마라.
  - "운전면허 2종 보통" 등 직무와 무관한 면허나 자격증을 적으면 왠지 궁핍해 보여 좋지 않다(영업직 등 운전면허가 필요한 경우는 예외). 또 너무 튀거나 위험도가 높은 취미, 특히 시간을 많이 요하는 취미는 빼는 게 좋다.

(자료제공: 한국고용정보원)

매력적인 자기소개서

서류전형 평가 시 가장 고려한 부분	최악의 자기소개서
1. 자기소개서(46.9%)	1. 비슷하고 뻔한 내용의 자기소개서(30.8%)
2. 컴퓨터 활용능력(31.8/%)	2. 맞춤법, 띄어쓰기 엉망인 성의 없는 것(21.8%)
3. 인턴 및 아르바이트 경험(27.0%)	3. 성장배경을 구구절절이 적은 지루한 내용(12.8%)
4. 해외 어학연수 경험(3.8%)	4. 입사 후 포부 및 열정 등의 내용이 없는 형식적인 문장(11.8%)
5. 직무관련 자격증 보유 유무(2.75%)	5. 너무 튀는 파격적인 자기소개서(0.9%)

자기소개서는 자신이 가진 능력과 가치를 최대한 부각시켜 자신이 적합한 인재임을 광고해야 합니다. 또 자기소개서에 나타나는 문장력, 논리성 등을 통해 기업은 개인의 잠재능력을 판단할 수 있기 때문에 모든 문장 하나하나에 정성을 기울여야 합니다.

◆ 자기소개서의 구성요소

- 성장과정: 특별히 남달랐던 부분만을 핵심적으로 간단히 기술한다.
- 성격소개: 장단점을 기술하되 단점을 극복하려는 노력을 부각시킨다.
- 학창시절 및 경력사항: 지원분야의 관련된 경력을 강하게 부각시킨다.
- 지원동기 및 입사 후 포부: 지원한 기업만을 위한 지원동기를 자기비전과 결합하여 제시한다.

◆ 자기소개서 작성 시 유의점

- 진솔하고 솔직할 것
- 자신의 장점, 강점, 관심분야, 경력개발 계획을 강조할 것
- 자신의 지원분야를 정확히 밝혀라.
- 추상적인 표현을 자제하라.
- 자기소개서에 지원회사에 대한 언급을 할 것

강점 선언문

◆ 자기소개서, 이렇게 쓰면 성공한다

- 인사담당자들의 가려운 곳을 긁어주라

'적을 알고 나를 알면 백전백승'이라는 말이 있다. 식상한 말이긴 하지만 이 말에는 여전히 무시 못 할 진리가 담겨 있다. 당신이 제출하는 자기소개서를 읽는 사람은 각 회사의 인사담당자들이다. 인사담당자들이 자기소개서를 읽을 때 주목해서 보는 부분은 다음과 같다.

- 성격이 어떤가?
- 전공 외에 관심을 두고 있는 것은 무엇인가?
- 비전이 있는가?
- 사물을 긍정적으로 바라보는가?
- 전공은 무엇인가?
- 업무에 잘 적응할 수 있는가?
- 조직과 융화될 수 있는 사람인가?
- 소신과 주관이 있는가?

각각의 내용에 대해 모두 긍정적으로 답하라는 것은 아니다. 경우에 따라 자신에게 부족한 부분도 있을 것이다. 핵심은 인사담당자들이 알고 싶어 하는 내용을 염두에 두고 이에 대해 충분한 정보를 제공해 주어야 한다는 것이다. 나에게 부족한 부분이 있다면 그 부분은 이러저러한 방식으로 극복해 나가겠다는 각오를 밝혀라.

◆ 지원 회사가 나의 1순위임을 드러내라

자신이 입사지원서를 내는 회사에 대해 알고 있는 것과 그렇지 못한 것 사이에는 아주 큰 차이가 있다. 회사에 대해 제대로 알지도 못하면서 입사지원서를 제출한다는 것은 왠지 어불성설 같지 않은가? 당신이 지원하고자 하는 회사에 대해 가능하면 많은 정보를 미리 파악해두어야 한다.

그 회사에 대한 첫 느낌이 어떠했는지, 자신이 가지고 있는 이미지는 어떠한지, 회사의 가능성에 대해 어떻게 생각하고 있는지 등등을 자기소개서 내용에 포함시킨다면 아무 생각 없이 이 회사 저 회사 찔러보는 것이 아니라 뚜렷한 목표를 가지고 회사를 선택했다는 느낌을 줄 수 있다.

◆ 해당 직무에 대한 이해도가 높다는 사실을 제시하라

입사를 하면 회사 내의 여러 업무 중 특정한 분야의 업무를 할당받아 일을 해나가게 된다. 이 업무가 무엇인지는 회사에 들어가 보아야 구체적으로 알 수 있지만, 그렇더라도 업무에 대한 기초적인 이해는 가지고 있어야 한다. 예를 들어 인사담당 쪽에 지원했다면 인사담당자들에게 필요한 자질이 무엇인지, 인사팀에서 하는 일이 무엇인지 개략적으로라도 알 필요가 있다. 이러한 지식을 가지고 있는 사람과 그렇지 않은 사람을 바라보는 인사담당자들의 시선은 크게 다를 수밖에 없다.

어느 대기업의 경우 신입사원 중 1년 이내에 직장을 옮기는 비율이 20% 이상이 된다는 조사 결과가 있다. 직무에 대한 이해도가 낮았기 때문에 자기 적성에 맞지 않는 직무를 택했고, 그 결과 직장을 옮기게 된 것이다. 인사담당자 입장에서는 이직률을 최소화하려고 노력할 수밖에 없다. 직무에 대한 이해도가 높은 지원자들을 뽑는 것도 이직률을 낮추는 한 방법이 될 것이다.

따라서 가능하면 해당 직무에 대해 자신이 어느 정도 알고 있다는 사실을 제시하는 것이 좋다. 이 직무를 잘 감당하기 위해 자신이 충분히 준비되어 있다는 사실을 제시할 수 있다면 더 바랄 나위가 없다.

◆ 해당 직무를 감당할 능력이 있다는 증거를 제시하라

해당 직무를 감당할 수 있는 능력이 있다는 사실을 제시하는 것도 중요하다. 단순히 해당 직무에 대한 이해도가 높다고 해서 해당 직무를 잘 감당할 수 있는 것은 아니다. 지원자가 해당 직무를 잘 감당할 수 있는가 하는 것은 인사담당자들이 가장 궁금해 하는 것 중 하나다. 예를 들어 해외영업 쪽의 직무를 선택하는 경우라면 외국어 실력이 꼭 필요할 것이다. 따라서 인사담당자 입장에서는 지원자의 외국어 실력이 어떤지를 주목해서 볼 것이다.

자기소개서를 작성하기 전에 자신이 지원하는 분야에서 필요로 하는 능력이나 기술이 있는지, 있다면 무엇인지 파악해둘 필요가 있다. 그리고 자신에게 그러한 능력이나 기술이 있다면 이 부분을 최대한 부각해서 써라. 예를 들어 편집디자인을 하고 싶어 하는 사람이라면 페이지메이커나 포토샵 등 편집 관련 프로그램을 다룰 줄 아는지, 안다면 수준이 어떠한지 포트폴리오로 보여주어야 할 것이다.

◆ 자신의 비전을 구체적으로 밝혀라

인사담당자라면 아무래도 비전이 확실한 사람을 선호하게 마련이다. 아니, 선호 정도가 아니라 비전이 불분명한 사람과 비전이 확실한 사람 가운데 한 사람을 뽑으라고 하면 무조건 비전이 확실한 사람을 뽑는다. 그만큼 자신의 비전을 분명하게 드러내는 것이 중요하다.

그런데 보통 비전을 드러내라고 하면 열심히 하겠다거나 앞으로 잘할 테니 일단 뽑아만 달라거나 하는 이야기를 쓰곤 한다. 과연 그런 것을 비전이라고 할 수 있을까? 비전을 뚜렷하게 드러내지 못하는 이유는 지원하려는 회사나 직무에 대한 이해도가 낮아서 그렇다.

입사 후의 비전이란 회사나 직무와 무관하게 생길 수 없다. 지원하려는 회사의 장래성이 어떻고 해당 직무 내에서 발전 가능성이 어떠한지를 알

수가 없으니 비전도 분명하게 제시하지 못하는 것이다. 자신의 비전을 구체적으로 밝히기 위해서는 회사의 발전 가능성, 해당 직무를 잘 수행해냈을 때 얻을 수 있는 성과 등에 대해 어느 정도 알 필요가 있다.

만약 지원하려는 회사에 홈페이지가 있다면 홈페이지를 통해 이를 알아보라. 중소기업이라 홈페이지가 없다면 유사 업종의 홈페이지를 찾아 정보를 얻는 것도 좋다. 그렇게 한 후에 이 회사, 이 업종에서 무엇을 이룰 수 있을 것인지 생각해 보고 이를 바탕으로 자신의 비전을 작성하라. 당신의 자기소개서를 보는 인사담당자들의 눈이 달라질 것이다.

◆ 하나의 이미지로 통일될 수 있도록 써라

위의 내용을 다 지켜서 자기소개서를 쓰더라도 자칫하면 실수할 수 있는 부분이 있다. 각각의 내용을 그야말로 각각 쓰는 것이다. 자기소개서에는 보통 성장배경, 학교생활, 주요경력, 지원동기, 입사 후 포부 등의 내용이 들어간다. 이들 각각의 내용을 훌륭하게 쓸 수는 있지만 각각의 내용이 따로따로라면 아무래도 자기소개서는 일관성이 없을 수밖에 없다.

예를 들어 경영 관련 업무에 지원서를 제출했고, 이에 준해 지원 동기나 입사 후 포부를 밝혔다. 이 경우 학교생활에서 해당 분야의 전공을 이수하지도 않았고 주요 경력이나 경험에서도 경영 관련 지식을 쌓은 것이 글 속에서 발견되지 않는다면 인사담당자들은 의아해할 수밖에 없다. 십중팔구 지원자가 경영 관련 업무에 적합하지 않으리라고 판단할 수밖에 없을 것이다.

따라서 각각의 내용을 일관성 있게 쓰는 것이 중요하다. 가능하면 모든 구성항목들을 지원하려는 회사나 업무와 관련이 있도록 쓰는 것이 가장 좋다.

◆ 기타 유의사항

- 솔직하게 써라. 자기소개서의 내용이 꾸며졌다거나 과장되었다는 느낌을 주어서는 안 된다.

- 간결하고 명료하게 써라. 욕심이 지나치면 내용이 장황해지고 문장도 길어질 가능성이 크다. 꼭 필요한 내용만 선정해서 간결한 문체로 써라.
- 내용이 긴밀하게 구성되어야 한다. 전체적으로 들어갈 내용을 미리 결정해서 짜임새 있게 순서를 정한 후 써라.
- 단락 단위로 의미가 분명히 드러나야 한다. 한 단락에는 하나의 소주제가 들어가도록 한다.
- 중요한 내용을 빠뜨리지 말아야 한다. 위에서 이미 쓴 것이라도 내용상 반복할 필요가 있다면 다시 써줘야 한다.
- 글을 쓴 후에는 반드시 교정을 본다. 본인이 큰 소리로 읽으면서 하는 방법도 좋고, 다른 사람에게 읽어봐 달라고 하는 것도 좋다.

• Explanation

1. 경쟁에 대한 건전한 이해

경쟁에 대한 그릇된 편견이 있다. 경쟁은 약자에게 불리한 것이고 비인간적이라는 편견이 그것이다. 즉 강자를 위한 승리의 들러리를 서는 것이 경쟁이라는 것이다. 대안 없는 심각한 오해다. 경쟁 아니면 무엇이 답일 수 있겠는가. 일반적 오해와는 달리 선발에 있어서 경쟁만큼 인간적인 것은 없다. 경쟁 외의 다른 대안들이 있다면, 부모의 사회적 배경, 경제적 지위, 외모 등이 있을 것이다. 이것 역시 약자들에겐 더욱 불리한 경우의 수다. 제일 공평한 것은 제비뽑기이지만 우리는 이것을 선택할 수는 없다. 모든 것이 약자에겐 불리하지만 그나마 약자가 선택할 수 있는 최선의 것이 경쟁이다.

약자가 자기에게 주어진 한계를 돌파할 수 있는 유일한 수단이 경쟁이다. 경쟁의 당위성과 건강성에 대한 이해를 높이자. 취업을 준비하는 이들은 경쟁 외의 다른 방법과 수단을 고려해서는 안 된다. 경쟁이 투명하고 공정해야 취업 후의 업무 성취감도 높아질 수 있다.

2. 거짓 양성 vs. 거짓 음성

윌리엄 파운드스톤은 취업에서의 두 개의 오류인 '거짓 양성'과 '거짓 음성'을 구분하고 그것이 기업과 개인에게 미치는 폐해를 분석했다(W. Poundstone, 유지현 역, 2012). '거짓 양성(false positive)'이란 검증 과정을 통과해 채용된 지원자가 알고 보니 무능한 직원으로 드러나는 경우다. 그 반대는 '거짓 음성(false negative)'이다. 유능하지만 지원자가 떨어진 경우다. 거짓 양성은 기업이 억울하고, 거짓 음성은 지원자가 억울하다. 거짓 양성과 거짓 음성은 똑같이 바람직하지 않다. 그러나 기업은 그렇게 생각지 않는다. 기업 입장에서는 능력 있는 사람을 놓쳤으니 거짓 음성에 대해 억울할 것 같지만 사실은 그렇지 않다. 그들을 채용해 보지 않았기 때문에 그 결과를 알 수 없기 때문이다. 심사과정에서 걸러버린 거짓 음성이 얼마나 많은지 아무도 모른다. 따라서 기업은 거짓 음성에 대해서는 관심하지 않는다. 그 대신 거짓 양성으로 인한 기업의 피해에 대해 우려한다. 우리는 취업전략에 있어서 이것을 잊어서는 안 된다. 거짓 음성으로 인해 떨어지는 불이익을 당하지 않아야 하지만, 한편으로는 거짓 양성으로 인해 기업의 손실을 주는 것도 각별히 주의해야 한다. 기업은 공정채용의 윤리가 있어야 하지만, 구직자 역시 그것에 상응하는 직업윤리가 있어야 한다.

3. 인터넷에만 의존하지 마라

모든 취업 정보가 인터넷에 있기에 구직자들은 거기에 의존하는 경우가 많다. 많은 이들이 취업전략을 온라인에 맞추는 것이 당연한 듯 생각한다. 그러나 『취업의 기술』의 저자 엘리슨 헤밍에 의하면 놀랍게도 미국의 경우 인터넷을 통해 구직에 성공한 이는 5%밖에 안 된다(A. Hemming, 이은정 역, 2003). 인터넷은 취업정보를 정확하고 빠르게 제공하지만 그것이 결정적 취업의 고리는 되지 못한다는 말이다. 여전히 취업은 인적 네트워크에 의해 제일 많이 의존되고 결정된다. 이것은 관계의 중요성이 얼마나 중요한지를 말해주는 것이다. 뒤집어 말하자면 관계를 건강하게 유지하는 인성과 대인관계능력이 취업에 결정적인 역할을 한다는 것을 암시한다. 생각해 보라. 비슷한 수많은 이력서가 이메일로 쏟아져 들어오는데 어떤 인사담당자가 그것을 성의껏 읽고 자신의 회사에 필요한 사람인지 판단할 수 있겠는가. 기술적으로 불가능하다. 더욱이 거짓 양성에 당해본 인사 담당자라면 그런 이력서들을 신뢰하지 않을 것이다. 그에게는 이런저런 인적 네트워크에 의해 알게 된 구직자의 정보를 더 신뢰하게 된다. 오해하지 마라. 백을 동원하라는 것이 아니다. 백과 인적 네트워크는 다르다. 인적 네트워크는 정보와 노력과 인성 그리고 친밀함의 총체다.

> 취업박람회 등 자신이 원하는 기업의 행사에 적극적으로 참여한다. 거기서 인사담당 직원들과 관계를 형성해 두고 정보도 얻는다. 그리고 그들에게 강한 인상을 남긴다.

4. 우리는 많은 사람의 손과 가슴으로 만들어진다(지원팀 만들기)

교만한 사람과 바보와의 공통점이 있다. 자신의 삶이 자신의 혼자만으로 만들어지고 유지되고 있다는 확신을 갖는다는 차원에서 그들은 같다. 타인의 기여를 인정하지 않는 것은 교만한 자이고, 타인의 도움의 의미를 모르는 자는 바보다. 기업은 교만한 자도 바보도 거부한다. 우리는 많은 사람의 손과 가슴으로 만들어진다. 모든 것을 자기 힘으로 하는 사람은 없다. 취업도 마찬가지다. 직업선택이란 자신의 가치관과 전혀 무관하지 않다. 오히려 자신의 신념과 가치관이 취업선택에 상당한 영향을 준다. 문제는 한 인간의 삶의 방향을 형성하는 과정에서 많은 사람들의 손과 가슴이 동원된다는 것이다. 그리고 거기에 동원된 사람들의 수준이 자신의 삶의 질을 형성한다는 것이다. 이것과 관련하여 『태도의 경쟁력』의 저자 키스 해럴은 중요한 제안을 한다. 자신의 지원팀을 만들라는 것이다. 그에 의하면 자신을 교정해주고 지지해주는 건강한 지원팀이 있느냐 없느냐에 따라서 취업은 물론 인생의 성공여부를 결정하다고 한다(Kieth Harrell, 이상원 역, 2001). 현명한 사람은 자신의 지원팀을 반드시 운영한다. 취업과정에 있어서도 지원팀의 유무에 따라 결과는 많이 달라진다. 직업선택의 방향제시와 결정에 영향을 미치게 되고 그것은 혼자만의 결정보다 훨씬 나은 결과를 만들어 낸다. 일시적 실패가 있다 해도 지원팀의 지지를 받는 이는 좌절하지 않는다. 그가 누구인지를 결정하는 것은 지원팀의 구성과 밀접한 관계가 있다.

지원팀이란 자기에게 격려와 지지는 물론 삶의 여러 문제를 함께 고민하고 설계할 수 있는 인적자원, 즉 후원자들을 말한다. 예를 들어, 그것은 엄마와 아빠처럼 가족이 될 수도 있고 친구도 될 수도 있다. 지원팀을 만들 때 주의해야 할 것은 부정적 가치관을 가진 이들은 지원팀에서 제외해야 한다. 긍정적 사고와 태도를 가진 이들로 지원팀을 구성한고 운영해야 구체적인 도움이 된다.

5. 취업전략으로서의 인문학(깊음과 넓음)

전공은 '깊음'이고 교양은 '넓음'과 관련되어 있다. 많은 구직자들은 자신의 유능함을 드러내기 위하여 전공에 집착한다. 업무의 적합성과 관련하여 준비된 인물이라는 것을 각인시키기 위한 전략이다. 그러나 이것은 취업전략에 있어서 가장 큰 실수이며 착각이다. 깊음은 넓음을 전제로 하지 않고는 성립되지 않기 때문이다. 생각해 보라. 깊이 파려면 넓게 파야 한다. 넓게 파지 않고는 절대로 깊게 팔 수 없다. 전공은 교양의 정신적 후원 없이는 심화되지 못한다. 사회가 진화될수록 대학교육과 기업 업무환경과의 연관성은 거의 사라져가고 있다. 기업은 신입자를 기업이 요구하는 업무에 적응하도록 하는 교육에 많은 시간을 쓰고 있다. 그것에 따른 비용도 엄청나다. 기업은 자신이 요구하는 기술적인 인적자원을 대학에서 기대하지 않는다. 채용공고에서 전공을 묻지 않는 이유이다. 어차피 입사 후의 재교육이 필요하다고 판단한다. 그렇다면 기업은 전공보다는 인문학적 사고가 유연한 사람을 선호한다. 기업이 요구하는 적응력과 수용능력 및 활용능력은 인문학적 소양이 깊은 사람이 더 뛰어나기 때문이다. 모든 업무는 기초적인 수준을 넘어서면 인문학적 상상력에 의존할 수밖에 없다. 심지어 정밀함을 요구하는 의학이나 물리학에서조차 인문학적 상상력을 요구한다. 자신의 지적세계의 지평을 넓히는 인문학의 공부와 인문학적 사고는 생존수단인 취업과 무관하지 않다.

인문학적 사고의 한 예

연못에 돌을 던진다고 가정해 보자. 연못에 파문이 일 것이다. 왜 파문이 생길까? 보통의 사람은 돌을 던졌기 때문이라고 생각한다. 돌이 원인자라는 생각이다. 물론 틀리지 않는 말이다. 그러나 그것만으로는 완전한 답이 못된다. 돌을 콘크리트 바닥에 떨어뜨려 보라. 바닥에 파문이

일지 않는다. 오히려 돌이 깨질지 모른다. 연못에 파문이 일게 된 것은 외부적 조건인 돌이 원인자인 것은 맞다. 그러나 조금만 더 깊게 생각해 보면, 작은 돌의 충격을 이겨내지 못하는 연못의 연약함에도 원인이 있다는 것을 알게 된다. 인문학적 사고라는 것은 바로 이것이다. 보이는 현상에 대한 인과관계를 과학적으로 검증하고 추론할 수 있는 능력이 인문학적 사고와 상상력이다.

6. 내가 바로 그 사람이다

기업 인사팀 직원이나 헤드 헌터들이 가장 행복할 때는 자신들이 찾던 사람을 발견했을 때이다. 이제야 내가 원하는 사람을 만났구나! 그러나 생각해 보자. 그것은 우연일까? 결코 아니다. 그들에게는 우연처럼 보이겠지만 구직자에게는 노력의 결실이다. 다시 말해 취업을 준비하는 이들에게는 다른 사람의 눈에 우연처럼 보일 한 순간을 위해 고통스러운 노력의 시간이 숨어있다. 기업분석에서부터 채용방향에 이르기까지 내가 목표로 하는 기업이 무엇을 요구하는지를 치밀하게 분석하고 준비해야만 그러한 우연을 만들 수 있다. 기업의 요구와 평소의 나의 역량이 우연하게 맞아떨어지는 경우는 거의 없다. 그런 행운을 기대해서도 안 된다. 기업의 요구에 맞게 나의 역량이 준비되어야 한다. 어린아이의 숨소리를 듣는 것처럼 매우 디테일하게 기업의 채용조건에 부응하는 역량을 키워야 한다. 그러기 위해서는 희망기업의 수를 최소한으로 제한하고 '선택과 집중'의 전략을 구사해야 한다. 그런 노력의 결과가 자신감으로 나타난다. 그래서 기업이 부를 땐 언제든지 다음과 같이 말할 수 있어야 한다. 내가 바로 당신이 찾던 바로 그 사람이다. 노력이 운명이다.

• Recognition

※ 이 장에서 배운 내용을 상기해 보겠습니다. 다음의 표에 배운 내용을 정리해 보세요.

우리 사회에서 '경쟁'은 어떤 의미이며, 꼭 필요하다고 생각하나요?
'거짓 양성'은 무슨 의미가 있나요?
나의 이미지 중에서 '거짓 양성'과 '거짓 음성'의 요소가 있나요?
취업전략을 수립할 때, 인터넷에만 의존하다 보면 어떤 문제가 생길까요?
교만한 사람과 바보와의 공통점은 무엇인가요?
인문학적 지식이 우리 삶에 어떠한 영향을 줄 수 있나요?

• Activities

취업전략 개발을 위한 미래 이력서 작성

1958년 미국 유학생활을 하던 이원설 박사는 자신의 인생 여정을 계획하면서 '미래 이력서'를 작성했다. 그는 1961년 대학 교수생활, 1980년 학장, 1992년 총장이 되어 젊은 세대들에게 비전을 심어 줄 것이라고 적었다. 그러나 그가 실제로 학장이 된 것은 미래 이력서에 적혀 있는 계획보다 11년이나 앞당겨진 1969년이었고, 한남대학교 총장이 된 것은 7년 앞당겨진 1985년이었다.

– 강헌구, 『가슴 뛰는 삶』 중에서

성장과정	
성격소개	
학창시절 및 경력사항	
지원동기 및 입사 후 포부	

미래 이력서에 대한 피드백

전문가 피드백	
전문가 피드백	
동료 피드백	

미래 이력서에 대한 성찰

잘 된 점	
부족했던 점	
개선할 점	
향후 계발계획	

• Reflection

오늘 활동을 통해 어떤 것들을 느꼈나요? 다음 표에 작성해 보세요.

1. 오늘 배운 학습내용 및 활동은 무엇입니까?

2. 활동을 하면서 새롭게 느낀 점은 무엇입니까?

3. 기타 의견

CHAPTER

10

정보화 시대와 자기계발

QUESTION

1. 암울한 미래
2. 전문화의 위험
3. Future와 Futures
4. e-Learning
5. 검색의 지성

• Opening

자기계발 로드맵

로드 맵(Road map)이란 앞으로의 계획이나 전략 등이 담긴 구상도 · 청사진 등을 의미합니다. 원래 말 자체는 도로지도이지만, 추구하는 목표와 전략, 추진 일정 등 큰 그림을 그려서 한눈에 파악할 수 있도록 한 것을 뜻합니다.

자기계발 로드맵은 여러분이 대학시절 함양해야 하는 역량(기본 핵심역량, 취업역량 등)을 키우기 위해 학년별, 학기별 수강할 관련 강좌(과목), 활동 등을 계획하고 배열해 놓은 것입니다. 자기계발 로드맵을 작성함으로써 여러분은 자기에게 필요한 강좌를 선택하고 강좌를 통해 목표 역량을 개발시켜 갈 수 있습니다. 또한 내가 원하는 꿈을 위해 그 시기에 무엇을 해야 하는지 알 수 있습니다. 이러한 장기적인 시각과 준비를 통해 대학생활을 충실히 수행하면서 자신의 미래를 준비할 수 있습니다.

자, 그렇다면 자기계발 로드맵을 어떻게 작성할까요?

우선 여러분의 비전과 목표, 키워야 할 역량들을 확인하세요. 8주에 거쳐 자선한 내용들을 바탕으로 대학 4년간 자신이 함양할 역량을 나열하고 그 이유와 함양 방법에 대해서 작성해 보세요.

도출된 역량을 학년과 학기 단위로 나누어 대학교에서 개설된 과목들(전공 교육과정, 교양 과목 등)을 살펴보고, 자신의 학업목표 달성을 위해 연관된 과목(전공, 일반 등)들을 선정하세요. 학년별 학기별 수강할 과목을 배열하세요.

학년별 학기별 수강 과목과 각 과목을 통해 개발될 역량 및 학업목표를 매치하고, 각 강좌가 자신의 비전 달성에 기여하는지 검토하세요.

최종 학업 로드맵을 자유로운 방식으로 시각화 시키세요(개념지도 및 다이어그램 형태, 표 형태 등).

자기계발 계획

◆ 자신의 비전달성을 위해 대학시절 함양해야 할 역량과 경험들에 대해 작성해 보세요.

역량/경험	이유	방법

• Explanation

천재적 역사학자 유발 하라리는 인류의 최종적인 종교는 '데이터 종교'라고 감히 예언한다. 기존 종교들의 메시지는 21세기 인간의 의식구조에 부합하지 못하고 호소력을 상실하기에 더 이상 종교적 힘과 이상을 발휘할 수 없다는 것이다. 새로운 종교의 성지는 중동의 사막이나 인도의 어느 동굴이 아니라 실리콘밸리가 될 것이며 그 종교의 교주는 구글이나 페이스북이 될 것이라고 말한다. 우주적 규모의 데이터 시스템은 엄청난 포교력으로 존재하는 모든 것을 연결시킨다. 연결되기를 원치 않는 자는 이단이 된다. 인간의 영성마저도 네트워크 속에 수렴된다. 이른바 '만물인터넷(Internet-of-all-things)' 시대가 도래한다. 인류는 A. 토플러가 『미래의 충격』에서 우려한 '변화의 속도'의 충격을 지금만큼 경험해 본적이 없다. 속도는 언제나 질의 변화를 동반하는 법이다. 인간은 무한대의 변화의 속도와 전혀 다른 차원의 질적인 변화에 철저히 무력해진다. 인간은 유기적 알고리즘에 불과하기에 전자 알고리즘인 컴퓨터와 다를 바 없으며, 오히려 정교함과 처리속도에 밀려 인공지능의 지배를 받는 존재로 전락할 가능성이 크다는 우려도 있다. 이른바 정보화 시대의 도래는 인간의 미래를 불확실성의 바다로 몰아넣고 있다. 그렇다면 무한 충격의 시대의 자기계발은 어떠해야 하는가.

1. 암울한 미래

마이클 오스본의 '고용의 미래(The Future of Employment)'라는 보고서는 인류의 미래를 매우 비관적으로 전망한다. 이 보고서에 의하면 미국에 존재하는 직업들이 향후 20년 안에 컴퓨터 알고리즘에 밀려날 확률을 47%로 보고하고 있다. 보험설계사, 스포츠 심판, 요리사에서부터 인명구조요원에 이르기까지 직업의 모든 분야를 인공지능이 대신할 것으로 예측된다. 소멸되는 직업 위에 가상세계 설계사와 같은 신종의 직업이 출현하기도 하지만, 이 역시 컴퓨터 알고리즘에 의해 밀려날 것으로 전망한다(Y. N. Harari, 2017). 그야말로 세계의 주인공으로서의 호모 사피엔스의 지배력이 철저히 무력화되어가는 비극이 현실이 되어가고 있다. 심지어 시와 예술의 분야에 있어서도 인공지능은 인간을 능가할 만한 증거들이 출현하고 있다. 예술의 근저를 이루고 있는 감정 역시 알고리즘 체계일 뿐이라는 사실이 생리학과 정보공학 연구자들에 의해 보고되고 있기 때문이다. 이제 우리는 인공지능보다 더 잘 할 수 있는 무엇인가를 고민하지 않으면 안 된다. 그러나 정교한 전자 알고리즘이 할 수 없는 그 무엇을 찾기란 매우 어려운 일이다. 이미 컴퓨터는 이세돌을 이겼다. 그럼에도 불구하고 인간은 지능과 의식을 갖고 있기에, 지능만 있고 발달된 의식이 없는 인공지능보다 더 우월적 존재라고 자위하는 이들이 있다. 그러나 미래 정보학자들에 의하면 지능은 반드시 있어야 하지만 의식은 선택사항일 뿐이라고 말한다. 일을 훌륭히 처리함에 있어서 지능은 반드시 필요하지만, 의식과 주관적 경험은 필요 없다는 것이다(Y. N. Harari, 2017). 그렇다면 인간이 더 나은 것은 무엇인가? 격변의 역사의 발전 단계에서도 주인공은 언제나 인간이었지만, 그러나 이제는 조연이 될 위험에 처해 있다. 이전과는 다른 차원의 고민과 숙제가 우리 앞에 놓여 있다. 어떡해야 하는가?

2. 전문화의 위험

인간이 인공지능과 같은 컴퓨터 알고리즘에 의해 밀려날 수밖에 없는 이유는 아이러니하게도 직업적 전문성 때문이다. 지금까지는 전문성이 직장과 성공을 보장해 주었지만 인간의 고도화된 전문성은 그 자체가 재앙이 될 확률이 높다. 정문성이 정교화될수록 인공지능으로 대체될 수 있는 위험이 높기 때문이다. 의사를 예를 든다면 일반의보다 특정 암을 다루는 고도의 전문성을 갖춘 전문의들의 미래가 더욱 암울하다. 그들은 극도로 분화된 전문성으로 인해 인공지능에 의해 쉽게 대체될 수 있다. 인공지능은 분화된 현대인보다는 오히려 원시시대의 인간과 같은 역할을 더 어려워한다. 수렵인들은 사냥꾼도 되어야 하고 집짓는 농부도 되어야 하며, 부싯돌로 불도 일으켜야 하는 만능인, 즉 초인과 같은 역할을 해야 했다. 따라서 인공지능이 알고리즘이 그들의 역할을 대체하려면 더 많은 연산과 계산이 필요할 것이다(Y. N. Harari, 2017). 그것은 쉽지 않은 일이다. 이것은 정보화 시대의 인간의 역할이 어떠해야 하는지 잘 말해준다. 과거로 돌아가자는 말이 아니다. 삶의 다른 분야는 철저히 무능한 채 자신이 전공 한 분야만 극도로 세분화되고 전문화 되어있는 인간의 위험을 말하는 것이다. 전문화의 동경을 버려야 할 때가 다가왔다. 분화된 인간이 아닌 총체적이며 전인적인 인간을 회복하는 것이 미래교육의 화두가 될 것이다. 분업과 전문화가 인간소외를 가져올 것이라고 경고했던 마르크스의 통찰이 재해석되어야 할 상황이 올지도 모른다.

3. Future와 Futures

미래학자들은 추상명사인 future에 복수를 붙여 futures라고 부른다. 문법적 오류가 아니다. 미래가 열려 있다는 뜻의 표현이다. 인간만이 미래가 있다. 미래가 열려 있다는 것은 다른 의미에서 미래는 모른다는 뜻이다. 정확한 예측이 불가능하다는 말이다. 심지어 통찰력 있는 미래학자 토플러조차도 미래를 '안다'는 것은 불가능하다고 말한다(A. Toffler, 미래의 충격, 이규행 역, 1991). 불확실성과 그로 인한 불안은 미래의 운명적 특성이다. 불확실하기에 불안하다. 그러나 역설적으로 그 때문에 인간은 성장한다. 불안과 성장은 동전의 양면이다. 불안하지 않으면 성장할 수 없다. 미래에 대한 불안은 성장에 대한 가능성을 내포한다. 불확정적이고 불안하기에 미래는 열려있는 것이다. 그러나 미래는 모든 사람에게 똑같은 크기로 열려있지 않다. 어떤 이에게는 닫혀있을 수 있다. 지금의 나의 습관과 방향이 미래를 결정한다. 마제석기를 얻고자 노력하는 것처럼 내 삶을 가꾸는 이에게 미래는 그만큼 열려 있다. 비록 인간이 인공지능에 의해 이전과는 다른 차원의 도전을 받지만, 그러나 인간은 언제나 격변기의 위기를 극복해 왔다. 미래는 두드리는 만큼만 열린다. 미래는 급변하고 있으며 그만큼 불확실하다. 그러나 준비하는 이에게는 제한 없는 기회의 영역이기도 하다.

4. e-Learning

수천 년 동안 이어져 왔던, 마치 불변의 진리처럼 여겨졌던 교육의 삼각대가 무너지고 있다. 교육이라는 사건이 이루어지기 위해 전제되어왔던 '교사, 교재, 학생'(지식전달자, 교육내용, 학습자)이라는 교육의 세 축이 근본에서부터 흔들리고 있다. 교권의 붕괴 현상은 단순히 우리나라만의 문제는 아니다. 교사 권위의 침식은 지식의 원천으로서의 교사의 자리가 의심받는 시대의 필연적 결과다. 교사가 지식의 원천적 제공자로서의 능력을 행사하는 시대는 지나갔기 때문이다. 네이버나 구글만큼 정확하고 신속한 교사는 없다. 자기주도적 학습은 더 이상 개인의 공부습관이나 철학의 문제가 아니다. 그것은 새로운 시대의 환경에 살아남기 위한 필연적 생존 수단이다. 적극적으로 검색하지 않으면 섬처럼 고립될 수밖에 없다. 지식의 생태계에도 지각현상이 일어난다. 정보와 지식의 구분이 모호해지고 우주적 정보망에 연결되어 있지 않는 고립된 지식은 그 유용성이 의심된다. 공유되지 않은 지식은 더 이상 의미가 없다. 데이터로 변환되지 않은 지식은 이미 지식이 아니다.

정보의 지식화와 지식의 정보화는 공부의 형식과 질을 바꾸어 놓았다. 인간의 존재의미와 확장 역시 네트워크 안에서, 즉 온라인 상태의 공유된 상황에서만 의미 있도록 재편되어 가고 있다. 전 지구적 데이터 처리 시스템이 이전에 없었던 앎의 원천이 되었기에, 시스템과 연결되는 것이 배움의 통로가 된다. 이것은 교사와 학습자의 관계뿐 아니라 교육방법 및 교육과정과 교육내용까지의 코페르니쿠스적 전환을 촉진한다.

5. 검색의 지성(know how와 know where)

Yuval Noah Harari는 19세기 초 프로이젠의 근대 교육자 Humbolt의 교육적 이상인 '폭넓은 인생 경험을 증류해 지혜로 만드는 것'이라는 명제는 이미 폐기된 정신적 유물이라고 진단한다. 그의 이상은 불과 200년도 안 되어 거꾸로 뒤집혀졌다는 것이다. Harari는 데이터 종교로 상징되는 정보화시대에서는 학문의 전통적 피라미드를 뒤집는다고 통찰한다. 즉 인간이 데이터에서 정보를 증류하고, 정보에서 지식을 증류하고, 지식에서 지혜를 증류했던 전통적 지식의 피라미드가 속절없이 무너졌다는 것이다(Y. N. Harari, 2017). 지혜는 경험이 아닌 데이터의 처리 속도와 방식에서 나오며 모든 경험은 데이터 저장고 속의 일부에 불과하다.

이제 세상에서 나만의 비법은 없다. 검색하면 어떤 정보라도 얻을 수 있고 공유할 수 있다. 노하우의 시대는 지났다. 따라서 노하우가 곧 경력인 시대도 지나가고 있다. 경력을 쌓기 위해 오랜 시간 자기만의 노하우를 구축해야만 했던 수고는 이제 불필요한 노력이 되고 있다. 새로운 시대는 새로운 경력 쌓기의 노력이 요구된다. 이른바 검색의 지성이 요구되는 시대이다. 이제는 know how의 시대가 아닌 know where의 시대다. 우리는 손가락 터치 한 번으로 세상을 열고 마주한다. 지식기반시대인 정보화시대에서의 지성은 검색에 달려 있다. 어떤 세상과 마주할 것인지, 어떤 세상을 열 것인지는 각자의 몫이다. 그리고 그 결과도 각자의 것으로 귀속된다. 어디에 나의 미래를 위한 정보가 있는지 아는 것이 자산이며 곧 능력이다. 삶에 유용한 검색은 지식이 되고 경력이 된다. 손가락 터치로 여는 세상에 의해 인생은 달라지고 결정된다.

• Recognition

※ 이 장에서 배운 내용을 상기해 보겠습니다. 다음의 표에 배운 내용을 정리해 보세요.

'인공지능(AI)'보다 우리 '인간'이 더 뛰어난 것은 무엇인가요?

정보화 시대에 우리에게 필요한 역량은 무엇인가요?

'스마트 폰'이 우리 생활에 어떠한 영향을 주었나요?

미래학자들이 미래를 'Future'를 'Futures'라고 적는 이유가 무엇인가요?

Knowhow와 Knowwhere의 차이점은 무엇인가요?

여러분은 인성이 자기계발에 어떤 영향을 미칠 것이라 생각하나요?

• Activities

자기계발 로드맵 작성

◆ 8주 동안 작성한 내용들을 비탕으로 성공적인 자기계발을 위한 로드맵을 작성하세요.

시기	개발 역량		수강 과목	자격 (자격증, 어학)	비형식 학습 (독서, 만남 등)
	핵심역량	취업역량			
1학년					
2학년					
3학년					

〈목표달성을 위한 세부 실천계획〉

목표	실천계획

자기계발 로드맵 Imagination

◆ 자신의 자기계발 로드맵을 글이 아닌 하나의 이미지로 나타내어 보세요.

• Reflection

오늘 활동을 통해 어떤 것들을 느꼈나요? 다음 표에 작성해 보세요.

1. 오늘 배운 학습내용 및 활동은 무엇입니까?

2. 활동을 하면서 새롭게 느낀 점은 무엇입니까?

3. 기타 의견

참고문헌

강정애·태정원(2016). 리더십론. 서울: 시그마프레스.

공병호(2004). 10년후 한국. 서울: 해냄출판사.

권석만(2004). 젊은이를 위한 인간관계의 심리학. 서울: 학지사.

권석만(2013). 긍정심리학(행복의 과학적 탐구). 서울: 학지사.

김영봉 외(2011). 생활지도와 상담. 서울: 서현사.

김인회(1997). 교육의 역사와 철학. 서울: 문음사.

노안영 외(2003). 상담이론과 실제. 서울: 학지사.

손장권(1994). 미드의 사회심리학. 서울: 일신사.

신중섭 외(2014). 경쟁은 아름답다. 서울: 북앤피플.

이기주(2017). 언어의 온도. 경기: 말글터.

이성호·유영진(2017). 사물지능혁명(명사의 시대에서 동사의 시대로). 서울: 도서출판 이새.

조관일(2014). N형 인간(스펙위의 스펙, 인성이 답이다). 서울: 현문미디어

조용진·조용기(2012). 인문학적 성찰 중심의 자기소개서 인성면접. 서울: 나비의 활주로.

최재천(2012). 다윈지능. 서울: 사이언스북스.

최창호(2016). 결심중독. 서울: 스노우폭스북스.

기시미 이치로·고가 후미타케, 전경아 역(2014). 미움받을 용기 上下. 서울: 인플루엔셜.

Brown. D. M. Ultimate Concern(Tillich in Dialogue). 이계준 역(1986). 궁극적 관심. 서울: 대한기독교서회.

Buber. M. Ich und Du. 표재명 역(2014). 나와 너. 서울: 문예출판사.

Dunne. C. Jung. C, Wounded healer of the soul. 공지민 역(2013). C. 융, 영혼의 치유자. 서울: 知와 사랑.

Fromm. E. The Art of Loving, 김진욱 역(1989). 사랑의 기술. 서울 : 서음출판사.

Fromm. E. The Escape of Freedom. 자유로부터의 도피. 김철수 역(1998). 계명대학교출판부.

Gardner. H. Multiful Intelligences. 문용린 외 역(2007). 다중지능이론. 서울: 웅진출판사.

Harari. Y. N. Homo Deus, 김명주 역(2017). 호모데우스. 서울: 김영사.

Harari. Y. N. Sapiens. 조현욱 역(2016). 사피엔스. 서울: 김영사.

Harari. Y. N. Special Operations in the Age of Chivalry, 1100-1550. 김승욱 역. 대담한 작전. 경기: 프시케의숲.

Havighurst, P. R. (1972). *Developmental task and education.* M. Y. Harpen & Row.

Hemming. A, 이은정 역(2003). 취업의 기술. 서울: 휴먼앤북스.

Honneth. A. Kampf um anerkennung. 이헌재 외 역(2011). 인정투쟁: 사회적 갈등의 도덕적 형식론(Mead. J. H의 사회적 인정관계의 구조). 서울: 사월의 책.

James. G. Thurber. moth and star, 유정희 역(1996). 나방과 별. 서울: 동천사.

Kieth. H. Attitude is Everything(10 Life-changing steps to turning attitude into action), 이상원 역(2001). 태도의 경쟁력. 서울: 푸른숲.

Ludeman K, Erlandson. E. Alpha Male Syndrome. 안진환 역(2007). 알파 신드롬. 서울: 비즈니스북스.

Niebuhr. R. H. The Responsible Self: Essay in Christian Moral Philosophy, 정진홍 역(1991). 책임적 자아. 이화여자대학교 출판부.

Poundstone. W. 유지현 역(2012). 당신은 구글에서 일할 만큼 똑똑한가. 서울: 타임비즈.

Rogers, C. R(1951). *Cilent-centered theraphy: Its current practice, implications, and theory*. Boston: Houghton Mifflin Company.

Seligman Martin E. P. Learned Optimism. 최호영 역(2008). 학습된 낙관주의. 서울: 21세기북스.

Seligman Martin E. P. Positive Psychology. 김인자 역(2009). 긍정심리학. 서울: 물푸레.

Silva. D, Carreira. F(2007). *G. H Mead.* Blackwell pub.

Toffler. A. Future Shock. 장을병 역(1990). 미래의 충격. 경기: 범우사.

Toffler. A. Power Shift. 이규행 역(1991). 권력이동. 서울: 한국경제신문사.

Weber. M. Die Protestantische Ethik und der Geist des Kapitalismus, 김성수 역(1988). 개신교 윤리와 자본주의 정신. 서울: 문예출판사.

https://blog.naver.com/minwoo

찾아보기

저자약력

• **이명선**

경북대학교 대학원 교육학과(박사 수료) 교육철학 전공

현 안동과학대학교 간호학과 교수

경력 21세기 산업교육 연구소 연구원

안동대학교 교육학과, 경남대학교 교육학과 강사

(주) 극동메탈 교육이사

논문 D. Sölle의 창조적 노동이해

• **송창백**

안동대학교 사범대학 교육공학(박사 수료)

현 가톨릭상지대학교 유아교육과 교수

경력 경북전문대학교 교수학습센터장

한국표준협회 수석전문위원

전문대학교수학습발전협의회 대구경북지부회장

저서 대학생활과 진로탐색, 학습전략 가이드북, 교육학개론

학교폭력 예방의 이론과 실제

• **이인철**

경북대학교 대학원 교육학과(교육학 박사) 교육철학 전공

현 대구교육대학교, 부산교육대학교 강사

경력 경북보건대학 교수, 동국대학교 경주캠퍼스 전임연구원

저서 퇴계의 이단배척과 교육적 함의, 공간교육으로서의 도산서당과 인성교육,

퇴계의 자녀교육론, 퇴계 고종기(考終記)의 교육적 함의, 교육과 성리학

인성과 자기계발

초판 1쇄 발행 / 2018년 2월 25일
초판 2쇄 발행 / 2019년 2월 25일
초판 3쇄 발행 / 2024년 2월 25일

•

공저자 / 이명선 · 송창백 · 이인철
발행인 / 이 중 수
발행처 / **동 문 사**

•

서울특별시 서대문구 홍제원 1길 12
(홍제동 137-8)
Tel : 02)736-3718(대), 736-3710, 3720
Fax : 02)736-3719
등록번호 : 제9-17호
가격 : 15,000원

•

ISBN : 978-89-8251-982-6(93370)
E-mail : dong736@naver.com
www.dongmunsa.com